ASTD グローバル ベーシック シリーズ

# 研修プログラム開発の基本
## トレーニングのデザインからデリバリーまで

**サウル・カーライナー**【著】
Saul Carliner

**下山博志**【監修】
Hiroshi Shimoyama

**堀田恵美**【訳】
Emi Hotta

ASTD TRAINING BASICS SERIES
Training Design Basics

HUMAN VALUE

# 目次

ASTD グローバル・ベーシック・シリーズについて ································ vii

監修者まえがき ································································ ix

はじめに ········································································ xiii
    この本の対象者 ····························································· xiv
    本書の構成 ································································· xiv
    アイコンにご注目ください ··················································· xv
    謝辞 ······································································· xvii

**第1章　トレーニング・デザインの基本** ········································ 19
    トレーニングのデザインとは何か ············································· 19
    トレーニング・デザインの基本原理 ··········································· 20
    ヒューマン・パフォーマンス・インプルーブメントの
        3つの本質的な要素 ······················································· 21
    絶対に従うべきアダルト・ラーニングの7つの原理 ····························· 24
    基本のプロセス：インストラクショナル・デザインの
        ADDIE（アディー）アプローチ ··········································· 29
    演習1−1　デザインの基本を強化する ······································· 37

**第2章　トレーニング・プロジェクトの企画の基本** ······························ 41
    トレーニング・プロジェクトに誰が取り組むのか？ ··························· 42
    プロジェクトの前提 ························································· 51

プログラムはいつ終わるのか？ ················· 52
　　プログラムの予算の見積もり ················· 61
　　演習2-1　トレーニング・プロジェクトの要員を考える ········· 65
　　演習2-2　トレーニング・プロジェクトのスケジュールを組み立てる ··· 66
　　演習2-3　トレーニング・プロジェクトの予算を算出する ········ 68

## 第3章　トレーニング・プロジェクトの開始に必要な基本的情報 ········ 71
　　ニーズ分析の6つの基本的なステップ ············· 71
　　ニーズを明らかにするための4つの方法 ············ 90
　　演習3-1　ニーズ分析：検討すべき6つの項目 ··········· 94

## 第4章　学習目標の基本 ···················· 97
　　学習目標とエバリュエーションの基本的な価値 ········· 98
　　学習目標の設定の基本 ··················· 98
　　学習目標を書く ····················· 100
　　メインの学習目標とサポートするものとを識別する ······· 103
　　エバリュエーション案を作成する ·············· 104
　　エバリュエーションに関わる基本的な事柄 ·········· 106
　　演習4-1　学習目標とエバリュエーション ··········· 116
　　演習4-2　適切に書かれた学習目標を見分ける ········· 117

## 第5章　コースのコンテンツ整理の基本 ············ 119
　　デザインのプロセスを開始する ··············· 119
　　学習コンテンツを伝達するための媒体 ············ 120
　　コンテンツを整理する基本 ················ 124
　　演習5-1　コースのコンテンツを整理する ··········· 136

## 第6章　コンテンツを提供するための基本的なストラテジー ······ 139
　　学習者をエンゲージするコースの特徴 ············ 139
　　学習コンテンツを伝達する5つの基本的なストラテジー ····· 141

コースの始まりと終わり ........................................................... 152
　　インストラクショナル・ストラテジーを選ぶ ........................... 156
　　演習6-1　インストラクショナル・ストラテジーを選択する ........... 159

## 第7章　コースの教材開発の基本 ........................................... 161
　　はじめに ............................................................................... 161
　　クラスルームの教材作成の基本 ............................................ 162
　　基本的なインストラクター用の手引書の作成 ....................... 169
　　ワークブックのコースの教材作成の基本 .............................. 177
　　演習7-1　コースの教材を準備する ...................................... 180

## 第8章　学習教材の製作の基本 ............................................... 183
　　はじめに ............................................................................... 183
　　学習コンテンツを伝達するための基本的なテクニック ......... 184
　　ビジュアル製作の基本 .......................................................... 189
　　ワークブック製作の基本 ...................................................... 197
　　製作プロセスの基本 ............................................................. 202
　　演習8-1　学習教材を製作するためのチェックリスト ........... 208

## 第9章　新しいコースの品質チェックの基本 ......................... 211
　　形成的評価とは何か？ .......................................................... 211
　　形成的評価の3つの基本的な種類 ......................................... 213
　　修正の基本 ........................................................................... 221
　　演習9-1　学習プログラムを評価する .................................. 229

## 第10章　コースの運営の基本 ................................................. 231
　　コースの運営の基本 ............................................................. 232
　　コースのマーケティングの基本 ............................................ 241
　　トレーニング・プログラムのサポートの基本 ....................... 245
　　デザインと開発のプロジェクトを締めくくる ....................... 249

演習 10 - 1　コースを運営する ································································ 254

**参照文献** ································································································ **257**

**参考情報一覧** ························································································ **259**

**著者について** ························································································ **263**

**監修者紹介** ···························································································· **265**

**訳者紹介** ································································································ **266**

# ASTDグローバル・ベーシック・シリーズについて

ASTDグローバル・ベーシック・シリーズは、米国に本拠をおく世界最大の人材開発の機関であるASTD（American Society for Training and Development）が、研修やパフォーマンス改善に取り組む人々のために、各手法の必要最低限の知識とソリューションを1冊でわかるようにまとめて提供しているものです。

本シリーズは、2003年に刊行がスタートしてから、2013年現在で24冊が刊行されています。

本シリーズに納められている内容や言葉の意味は、米国はもとより、韓国・中国・インド・中東などのグローバルに展開する企業で、人材開発担当者の共通言語となってきました。しかし、日本においての人材開発は、我が国の伝統や文化に沿って独自の良さをもち、独自の言葉を使う傾向があります。今日、日本の企業もグローバル化によって、海外の人材開発の担当者と情報交換を行ったり、海外と共通の人材開発プログラムを実施することも増えてきています。その際に、ASTDで用いられる概念や言葉について、背景や意味などの理解が不十分なまま異なる解釈をしていると、意思疎通を阻害することが考えられます。

そこで、ヒューマンバリューでは、日本の人材開発・組織開発・パフォーマンス改善に携わる方々に、米国を中心とする企業で使われている言葉や概念を理解していただく一助になればと願い、ASTDグローバル・ベーシック・シリーズを日本で刊行することにいたしました。

本書を日本で刊行する意図の1つは、海外での企業や行政体における人材開発関係の言葉の使い方やコンテクストを理解し、なじんでいただくことですので、翻訳にあたってはなるべく英語をカタカナのままで表記するようにしました。

いきなりカタカナでは理解しづらいところもあるかと思い、適宜本文中に補足を入れたり、訳注を挿入しています。
　本シリーズは ASTD が責任をもって編集したもので、偏りのない標準的で基礎的な内容が、わかりやすく実践的に 1 冊にまとめられています。基礎の確認、また入門書としてお役立ていただくようにお願い申し上げます。

# 監修者まえがき

監修者　下山　博志

　集合研修で使われる教材をはじめ、トレーニングプログラムやワークブックなどの教材を開発するためには、教育設計技法や評価手法はもちろんのこと「成人学習理論」「動機付け理論」や「ＨＰＩの原理」などさまざまな手法、理論を学ぶ必要があります。本書では、目的に合った研修プロブラムの開発について、これらの中で特に重要な原理や実務手順の基本を体系的に学ぶことができます。

　一般的に研修に関する教材を含め、人材教育に関する最適な教育設計を行うことを、「インストラクショナル・デザイン」といい、日本では教育設計技法とか教授法と訳されます。本書では、欧米で開発されてきた教育設計技法を基に構成されています。特に米国では、インストラクショナル・デザインの理論やモデルを活用して、学習ニーズや環境の分析・設計・開発・実施・評価などを行うインストラクショナル・デザイナーと呼ばれる専門職が一般的に確立されています。米国の大学の教育系学部や大学院の教育工学系専攻では、インストラクショナル・デザインを学び、インストラクショナル・デザイナーの資格認定を修得するための制度が充実しています。

　一方、日本においては一部の大学院や大学で、インストラクショナル・デザインを学ぶことができます。しかし、ｅラーニングの専門家育成のための仕組みとして一部の人には広まってきたものの、企業や組織で人材教育に携わる人が専門的な知識や技術を取得するための環境は、欧米に比べると充実しているとはいえないと考えます。そのため、一般的には日本の企業や組織の人材育成に携わる人は、専門職としての知識やスキルを身につけてから業務に就くより、業務を経験しながら経験的に学ぶことが多いようです。専門

的に教育設計を学んで人材教育を行う場合と、業務経験を中心に人材教育を行うのでは、期待する教育の目的の達成に大きな差が出ることが考えられます。

　本書の冒頭では「デザインの本来の目的は問題解決であり、良いインストラクションによって問題を解決できる」と述べられています。良い研修設計とは、ビジネスニーズや望ましいパフォーマンス、タスクなどを定義し、戦略に合わせて研修を設計することです。そして、結果として、その研修プログラムの実施により目的に応じた問題解決ができる、または問題が起こりにくくなるということです。

　しかし、研修企画担当や研修開発者、研修トレーナーなどの研修担当者は、時として開催すること自体が目的になることがあります。研修は何のためにするのかというと、何らかの現状の問題点の克服や、将来起こるかもしれない問題を未然に防ぐために行うということを理解することが重要だと考えます。

　ところが、研修を開発・実施する際、開発者の個人的な経験や知識を中心に開発してしまうことや、研修開発や実施を外部業者に任せて、研修担当者が開発のプロセスにあまり関与しないことも現実的にはあるようです。このような研修は、当然ながら、本来の目的を達成できる可能性が低くなり、そのための投資も無駄になります。

　このようなことにならないように、研修開発の基本を学ぶことができる書籍や研修プログラムは今までもありました。しかし、グローバルレベルの標準的な説明書が少なかったり、学ぶための時間や費用がかかったりして、グローバルレベルでも通用する研修開発に関する基本的なプロセスを解説した情報は、それほど多くはなかったと思います。今回この『研修プログラム開発の基本』が、この役割を担うものと考えます。

　また、企業内研修において、研修開発やデリバリー（研修の実施）は、組織内で内製化する場合と外注する場合があります。実際には本書のようにインストラクショナル・デザインの基本プロセスに沿って、研修開発を内製化していたり、外部業者と基本的プロセスを実行していたりする企業はそれほど多くはないと想定します。しかし、内製化であっても外注化であっても、本書を参考にしていただき、教育設計の基本原理に沿って、分析、設計、開

## 監修者まえがき

発、実施、評価を行うことにより、本来の研修目的を達成することが、より効果的になると考えます。

さらに、教育設計の専任者がいる場合と兼任業務で行っている場合もあります。読者の組織や役割がどのような場合でも、効果的な研修を設計するためのインストラクショナル・デザインの基本的プロセスに違いはありません。本書の例を参考に、必要な役割や機能をどのように振り分ければ効果的になるのか考えてもらえればよいでしょう。

最後に、本書の特徴として、インストラクショナル・デザインの基本的なそれぞれのプロセスにおいて、押さえるべきポイントは、欧米の事例を基本としています。その際、日本の組織や、関係業界ではあまり見られない例もいくつかあるかもしれません。その場合は、無理に自組織・業界や仕組みに当てはめるより、近いと想定する組織や仕組みで考えてみてください。各章の最後に、その章のポイントをまとめたチェックリストがついていますので、理解を深めたり、実務の中で確認したりする際に有効です。

本書を実務で活用していただくためには、全体のプロセスを理解し実施していただくことと、このプロセスを繰り返しながら、自組織に合ったより効果的な仕組みをつくり出していただければ幸いです。

# はじめに

　『研修プログラム開発の基本』は、主にクラスルーム（教室形式の集合研修）で行われるプログラムや、ワークブックを使って教えるトレーニング・プログラムのデザイン（design：設計）と開発の方法について解説しています。

　本書は、実際に行われるプログラムのデザインと開発に焦点を当てています。現実では、トレーナー[※1]（trainer：研修担当者）は時間と資源の制約の中で、うまくやりくりしなければなりません。トレーナーは何をトレーニングし、なぜトレーニングするのかを把握した上でトレーニング・プログラムを開発しなければならないため、ニーズ分析や学習目標を作成しなければなりません。しかし多くの場合、このような情報を得るための時間は限られています。本書は、デザイナーやデベロッパー（developer：研修開発担当者）が、業務を進める上で有益な人全員と会う時間や接点がなかったとしても、必要な情報を得ることができる方法について解説します。

　さらに、多くのトレーニング・デザインの本では、コースをデザインするプロセスのうち、アナリシス（分析）のフェーズを重点的に扱っています。本書はアナリシス・フェーズだけでなく、デザインとデベロップメント（開発）のフェーズを同じように重視しています。そこで、コースの構造（コースの主要部分以外も含む）を設計する方法、学習コンテンツを提供するためのストラテジー、開発しなければならない教材（たとえば受講者と講師のための手引書）の決定方法、教材を開発する際のデザインの仕方やコミュニケーションのこつについても解説します。

　同様に、eラーニングやその他の形式のインストラクション（instruction：教育）が注目を浴びていますが、トレーニングの大部分はいまだにクラスルームで行われています。そのため、この本ではクラスルーム用のコースを準備することに重きを置いています。

最後に、多くのトレーナーはトレーニング・プログラムをデザインし、開発した後に、プログラムを立ち上げ、推進する責任をもっています。プログラムの立ち上げと推進は、特にコースの効果を高めるための運営、マーケティング、サポートにも関連しますので、これらについても深めていきます。

## この本の対象者

本書は、新しくデザイナーやデベロッパー、インストラクターになる人、またクラスルームやワークブックによるコースの開発に携わっている人を対象にしています（eラーニングの開発者は対象にしていません）。加えて、サブジェクト・マター・エキスパート[※2]（subject matter experts：内容領域専門家／SMEs）も、トレーニングの役割を担うことが多いため、本書が役立つでしょう。その他のトレーナーではない人でも、クラスルームでのコースやトレーニングのワークブックを開発することになった人は、本書で提供されている内容をうまく活用することができるでしょう。

## 本書の構成

本書は、10章から構成されています。それぞれの内容は以下になります。

第1章「トレーニング・デザインの基本」では、ヒューマン・パフォーマンス・インプルーブメント（Human Performance Improvement：HPI）やアダルト・ラーニング（Adult Learning：成人学習理論）のコンセプトを含め、コースをデザインする際に考慮する必要のある論点について、全体概要を示します。

第2章「トレーニング・プロジェクトの企画の基本」では、デザインのプロセスの概要を紹介します。また、コースを開発する前に「コースをデザインし、開発するのにどれくらいの時間が必要なのか」という問いに答えられる方法を紹介します。さらに、トレーニング・プロジェクトに関わる人々の役割について解説し、クライアントと効果的に仕事する方法を提示します。

第3章「トレーニング・プロジェクトの開始に必要な基本的情報」では、

デザインに関する効果的な意思決定に必要な情報は何か、それらはなぜ必要か、スケジュールが厳しい中でどのようにその情報を得るかを解説します。

　第4章「学習目標の基本」では、コースのゴールを具体的に示し、学習者がそのゴールを達成したかどうかを評価する方法について説明します（これは、コースをデザインし始める前に行わなければならないことです）。

　第5章「コースのコンテンツ整理の基本」では、コースの基本構造について説明し、コンテンツを単元に分けて整理する方法を解説します。

　第6章「コンテンツを提供するための基本的なストラテジー」では、学習者をエンゲージし（engage：引き込む）、教材の内容を記憶してもらうための、さまざまなコンテンツ提供の方法を検討します。

　第7章「コースの教材開発の基本」では、開発しなければならない教材の種類を明らかにします。その中には、クラスルームやワークブックを使ったコースにおける受講者向けの教材、スライドといったビジュアル、インストラクター向けのメモが含まれます。

　第8章「学習教材の作成の基本」では、受講者とインストラクター向けの教材を作成し、デザインするための指針について述べ、作成の際の検討事項にも触れます。

　第9章「新しいコースの品質チェックの基本」では、教材の正確性や効果性を確認するためのレビューやパイロット・クラスの実施方法について解説します。

　第10章「コースの運営の基本」では、コースが「公開された」後に、コースのデザイナーやデベロッパーがどのような責任をもつかについて明らかにします。

## アイコンにご注目ください

　本書では、できる限り内容をわかりやすく、実践に適用しやすくしようと努めています。次のアイコンが、本書全体を通じて、要点を確認する手助けになるでしょう。これらの要点は、優れたコンテンツの提供とそうでない場合の違いを見極めるのに役立つでしょう。

### この章の内容

各章の初めに、その章の内容を紹介する短い一覧があります。この一覧は簡単な利用ガイドとなるでしょう。この本を読んでいるということは、皆さんが急いで何かをやり遂げようとしていると考えられます。この部分を活用して、各章に載っている情報を確認し、必要に応じて読み飛ばして、皆さんにとって役立つ内容が載っている部分へと進んでも構いません。

### 考えるヒント

これらは参考となるヒントであり、デザイナーとしてのツールキットに追加できる補完的なツールのようなものです。皆さんが自信をもって取り組むための予備的な知識と考えてください。

### 基本原則

これらの原則は、ずばり要点を提示しています。これらは簡単に覚えられるものですが、すべてのデザイナーにとって非常に重要なコンセプトです。

### 補足説明

提示されている実践やポイントによっては、コンセプトを理解するために、追加の詳細情報が必要な場合もあります。また、ポイントを述べるのに多少の余談が助けになることもあります。このようなものが「補足説明」のアイコンで書かれています。

### 実践に向けて

すべての章の最後の部分では、その章で取り上げた内容を実践する機会を提供しています。また、学んだことを適用するときに役立つ助言やヒントも提供しています。

## 謝辞

　本書は多くの人の協力によって、形になりました。コース・デベロッパーである、ジェフ・ベル（Jeff Bell）、リン・ハリス（Lynn Harris）、ロン・ウィンセク（Ron Wincek）には、コース・デザイナーやデベロッパーとしての専門知識を共有していただき、整合性や正当性をチェックしていただきました。また、私が本書を執筆するのをサポートしてくれた家族、執筆するのに心地よい場所を提供してくれたメリーランド州パイクスビルのシアトル・ベスト・コーヒーのカフェのスタッフにも感謝します。最後に、ASTDの編集チームのマーク・モロー（Mark Morrow）、カレン・エドルマン（Karen Eddleman）、キャサリン・シャナー（Kathleen Schaner）にも、素晴らしいアドバイスの提供と製作の支援をしてくれたことに感謝します。

2003年10月
サウル・カーライナー
（Saul Carliner）

---

1. トレーナー：欧米では一般的にトレーニングの担当者は、インストラクターだけでなく、デザイン（設計）と開発、コースの組織内での運営や展開まで担う。
2. サブジェスト・マター・エキスパート：開発しようとしているプログラムに関する業務領域、内容について精通していたり、経験あるいは専門性をもっている人。

# 第1章

# トレーニング・デザインの基本

> **この章の内容**
> この章では、トレーニング・デザインのコンセプトを紹介します。特に次の点を取り上げています。
> ▶ トレーニングの「デザイン」とは何か？
> ▶ コース・デザイナーの指針となる基本的な原理。ヒューマン・パフォーマンス・インプルーブメント（HPI）と、守るべきアダルト・ラーニングの7つの原理
> ▶ コース・デザインを行うための基本的なプロセスであるADDIE（アディー）モデルのアプローチ
>
> それに加え、この章の最後にあるチェックリストは、デザインや開発のプロジェクトに取り組むときに留意すべき点を明確にしています。

## トレーニングのデザインとは何か

　トレーナーは、配布資料を席に置いたり、最初に「おはようございます」と挨拶をしたり、最初の演習を行ったり、最初の指導内容に入ったりする前に、コースの計画にかなりの労力を費やします。クラスルームでの1時間のインストラクションに、多ければ40時間の準備作業を行います。

　多くのトレーナーは、取り組みがうまくいくためには、事前に労力をかけ

ることが不可欠であると感じています。前もってトレーニング課題について多くを知ることで、ニーズに合わせてインストラクションの的を絞ることができ、クラスルームで不明瞭な点が出てくるリスクを抑えることができ、学習者が新しいスキルを習得する手助けができると考えています。

　トレーニング課題の分析、期待されている成果の定義、それらの成果を達成するための学習者へのコンテンツの提供方法の決定、デザインに沿ったトレーニング・コースの開発、コースの実行、効果のエバリュエーション（測定、評価）という枠組みは、インストラクショナル・デザイン・プロセス（instructional design process：教育設計のプロセス／ID手法）と呼ばれています。トレーナーはインストラクショナル・デザインを使って、すべてのタイプのインストラクションを準備します。これは、クラスルームでのコースやワークブックを使ったもの、オンラインのものにも使います。

　一般的にデザインというと、その技術のことを連想しますが、デザインの本来の目的は問題解決です。教育が結果として行動の変容につながれば、良いインストラクションによって問題を解決することができるのです。変容というのは、たとえば新しいプロセスに沿ってタイヤを交換するときのような身体的な行動、つまり精神運動領域（サイコモーター・スキル[※1]）に変化をもたらす場合もあります。また、たとえば新しい方法論に沿って弁済能力の判断をするといった知的な行動、つまり認知領域（コグニティブ・スキル[※2]）に変化をもたらす場合もあります。あるいは、喫煙に対する態度が変わるなど、情意領域（アフェクティブ・スキル[※3]）に変化をもたらす場合があります。そのため、変化が必要なのはどの行動か、学習者が望ましい行動を獲得するために開発しなければならないスキルや知識は何か、学習者が仕事においてその行動を取ることを促進する、または阻害するモチベーター（motivator：動因）は何かを特定することは、デザインのプロセスにおけるキーとなる要素の1つです。

## トレーニング・デザインの基本原理

　問題に対する十分な理解に加え、次の一般的な原理もデザインする際の指

針となります。

▶ ヒューマン・パフォーマンス・インプルーブメントの分野の原理。これらの原理は、人々が仕事において最善な結果を確実に達成するのを助けます
▶ アダルト・ラーニングを支える原理

続く2つのセクションでは、これらの原理について深めます。

## ヒューマン・パフォーマンス・インプルーブメントの3つの本質的な要素

トレーニングの専門家は、人々に何かの仕方を教えるためにコースを準備するというよりも、ヒューマン・パフォーマンスを改善するために仕事をしているのです。言い換えると、トレーナーの仕事は、組織のリーダーと共に取り組んで、従業員が仕事において測定可能な効果を上げるのを支援することです。効果性はたいてい、1時間で生産された製品の数、1時間で応対した電話の数、製品の販売個数、エラーの数など、具体的な仕事の効果を測定し、高めます。

**基本原則1**

すべてのパフォーマンスの問題がトレーニングによって解決できるわけではありません。人が効果的に働くことを推進する原理のことを、ヒューマン・パフォーマンス・インプルーブメント（HPI）の原理といいます。人によっては、ヒューマン・パフォーマンス・テクノロジーと呼びます。HPIの原理は、トレーニング・プログラムのデザインにおいて非常に重要な役割をもっています。

### 1. すべてのトレーニング・プログラムが測定可能な形で人の行動の改善をもたらさなければならない

トレーニングの目的が、「従業員が測定できる形でより効果的に働くこと

を支援する」ということであれば、トレーニング・プログラムのデザインと開発の取り組みが始まる前に、改善すべき行動とその測定方法を具体的に明らかにしなければなりません。トレーニング・プログラムを終了した後に、トレーニングの専門家は学習者のパフォーマンスを追跡管理し、仕事上の行動の変化を測定する必要があります。

　さらに、トレーニングによる行動の改善が、トレーニングを支援している組織に対し、有形の利益をもたらさなければなりません。これが金銭的な利益であると、なお理想的です。たとえば、1時間当たりの製品の生産量が上がると、組織としてはより多くの製品を販売できるようになります。あるいは、学習者が仕事で起こすエラーの数を減らすことができれば、仕事をやり直すためのコストが削減できます。また、「共感的なカスタマー・サービスの改善」のように利益が無形の場合がありますが、このような変化も金銭的な利益につながります。たとえば、良いカスタマー・サービスはカスタマー・リテンション（customer retention：顧客維持）の改善につながります。

## 2. トレーニング・プログラムは現状のパフォーマンスと望ましいパフォーマンスの間のギャップを解消するものでなければならない

　このギャップは「パフォーマンス・ギャップ」と呼ばれています。ギャップが存在すること自体は自明であることが多いのですが、たいていの場合、ギャップの原因は明らかではありません。状況分析を通じてギャップの原因がわかることが多いのです。

　たとえば、カスタマー・サービスの担当者に対して最も多い苦情が「無礼に感じた」というものであり、通話のログにも記録されていたとします。パフォーマンス・ギャップは、無礼な態度と丁寧な態度との違いになります。その行動の原因を探るために、苦情を言ったカスタマーに「何を無礼と感じたのか」、苦情対応をした担当者に「どれほど問題が深刻なのか」、従業員に「なぜそのような態度で電話に応対したのか」など、話を聞くとよいかもしれません。

## 3. トレーニングはパフォーマンス・ギャップを解消しない可能性がある

トレーニングのクラスを受けただけでは、職場での測定可能な行動変容に結びつかないかもしれません。これはパフォーマンスの3つのドライバー（driver：推進力）のうちの1つである「スキルと知識」にしか対応できていない場合が考えられます。従業員が、あるタスク（業務）を行うスキルと知識をもっているものの、効果的にタスクをこなすことができない場合もあります。そのような場合は、他の要因がパフォーマンスに影響を与えている可能性があります。たとえば、次のような原因があるかもしれません。

▶ **タスクをこなすのに必要なツールやリソースが不足している**
  たとえば、従業員が新しいソフトウェアのトレーニングを受けたのに、パソコンにそのソフトウェアがインストールされていなかったとします。従業員はトレーニング・コースで学んだスキルを実践するためのソフトウェアがないため、スキルを発揮できません。

▶ **モチベーションを下げる要因がある**
  従業員に業務を行うスキル、知識、リソースがあっても、モチベーションの不足がパフォーマンスに影響を与えることがあります。無礼なカスタマー・サービス担当者の例を思い返してみましょう。苦情が出ているのは、単純にカスタマー・サービス担当者がけんか腰のカスタマーにうまく対応するスキルを十分にもっていないからかもしれません。しかし、実は、通話時間の厳しい制限が問題である可能性もあります。カスタマー・サービス担当者は、制限時間を過ぎると、叱責されてしまうのかもしれません。そこで、上司からの叱責を避けるため、担当者は慌てて通話を終わらせてしまうのです。この問題を解決するには、丁寧なカスタマー・サービスのトレーニングをすることではなく、通話時間の制限を解除することが必要でしょう。

パフォーマンス・ギャップを解消するための解決策は、必ずしもトレーニング・コースの実施ではないため、解決策のことをインターベンション（介

入策）と呼びます。この言葉を使うことで、トレーニングの専門家は、どのアプローチを取るかについて柔軟な思考ができます。パフォーマンス・ギャップがスキルや知識の不足によるものであれば、これを補完するためのインターベンションとして、トレーニング・コースを実施することが効果的です。もし、リソースやモチベーションの欠如によるものであれば、問題を解決できそうな違うタイプのインターベンションを推奨すべきです。

　本書は、トレーニング・コースをデザインする方法について解説しますので、スキルや知識の不足によるパフォーマンス・ギャップにのみ焦点を当てています。ただし、焦点は1つに絞っているものの、皆さんが職場で遭遇する問題のソリューションには異なるタイプのインターベンションが必要となる可能性があることを念頭に置いてください。

## 絶対に従うべきアダルト・ラーニングの7つの原理

### 1. アダルト・ラーニングは、アンドラゴジー（andragogy：成人教育）であり、ペダゴジー（pedagogy：子供の教育）ではない

　「アンドラゴジー」という言葉は、成人に教える科学と技術のことであり、マルコム・ノールズ（Malcom Knowles、1988年）によって広められました。アンドラゴジーは、インストラクショナル・デザイナー（instructional designer：教育設計の専門家）が成人のための学習プログラムを準備する際に必ず考慮しなければならない原理を網羅しています。一方で、ペダゴジーは子供に教える科学と技術です。子供は成人とまったく異なる学習のニーズをもっています。

### 2. 成人の学習者は時間に追われている

　成人はきつい仕事、家庭の責任、地域での義務の合間に学習する時間を捻出しています。学習することに対し高いモチベーションをもっていても、仕事や生活においてさまざまな課題をもっているため、成人が学習に投資でき

る時間は限られてしまいます。

## 3. 成人の学習者は目的志向

　成人は主に、何らかの目的を達成するために、学習プログラムに参加します。その目的は、「コンピュータのシステムをより効果的に活用する」「会社の方針に沿ったパフォーマンス・プランを書く」など仕事に関連するものである場合があります。また、「日本に旅行する前に基礎的な日本語を学ぶ」「家族のウェブサイトを作るために写真編集ソフトの使い方を学びたい」などという個人的な目的の場合もあります。クラスルームで教えるトレーナーは、よくコースの初めに、学習者がコースを通じて何を得たいと望んでいるのかを問いかけ、それに応じてコンテンツを調整します。

## 4. 成人の学習者は予備知識や経験をもって参加する

　学習者の既存の知識や経験と、コースで教える新しい教材内容をできる限り結びつけるようにすると、学習経験は大変に有効で意味あるものになります。しかし、時にはトレーニング・プログラムのコンテンツが、人々が前に学んだ教材内容と矛盾することがあります。そのような場合、トレーニング・プログラムのデザイナーは、学習者が新しいアプローチを理解できるように、まずは古いものを手放すように説得する必要があります。

　また、その他にも、学習者がトレーニング・コースで扱っているコンテンツの一部、もしくは全体をすでに知っているという状況もあります。多くの成人の学習者は時間に追われている中で、すでに知っているコンテンツを復習することは望みません。そのような不要な重複を避けるために、トレーニング・プログラムのデザイナーは学習者がすでに知っていることを慎重に評価し、すでによく知っている教材内容を飛ばして進めなければなりません。

## 5. 成人の学習者は吸収できる情報の容量に限界がある

　多くのトレーニング・コースでは複雑なテーマに取り組んでいますが、学

習者の大部分はコンテンツの中で、主に自分たちに直接影響を及ぼす部分に興味をもっています。多くの場合、それはコンテンツのほんの一部だったりします。

　一方で、トレーナーは学習者と接する時間がとても少ないので、できる限り多くのコンテンツを詰め込みたいと思うことがあります。すると、学習者は付加的なコンテンツについて、有用性をあまり見出すことができないため、少ししかその内容を吸収せず、直接影響のある内容についても聞く耳をもたなくなってしまうときがあります。クラスルームのインストラクターは受講者の目がどんよりして「もう十分です」というような表情をしたときに、情報を詰め込みすぎたことに気づきます。

## 6. 成人の学習者はモチベーションのレベルが異なる

　成人は、新しい仕事に就いた最初の6週間から3カ月の間は、学習することに高いモチベーションをもっています。また、新しい仕事のプロセスやアプローチに直面しているときも、同じように学習に対しモチベーションをもっています。ただし、この時点でのモチベーションは、失敗への恐れや古い習慣を手放す（アンラーニング）ことの難しさによって抑えられてしまうこともあります。コンテンツを知るにつれ、新たな具体的ニーズが生まれるまで、学習者のモチベーションは衰えていきます。トレーニング・プログラムのデザイナーにとっての難しさは、学習者の知識が高まるにつれ、モチベーションのレベルがどのように変化したのかを確認し、モチベーションのレベルに合わせてコンテンツを提供することです。

### 考えるヒント

デザイナーはトレーニング・コースをデザインするとき、学習者のモチベーションのレベルに合わせて、コンテンツや教え方のスタイルを調整します。多くの人は、次の3つのモチベーションの段階を経るといわれています。（カーライナー、2002年）

1. 初心者の段階：この段階では、学習者の主な学習のゴールは、始めること、言い換えると、教材内容を十分に学習することで、決められたタスクをうまくこなすこと

です。学習者はやり方についての指導と指示のみを必要としています。大量すぎるコンテンツで受講者に負荷をかけたり、不必要な選択肢を提供したりするなど、その量で圧倒しないようにしましょう。もしタスクを完了するのにいくつかの方法があったとしても、この時点では最も簡単な方法を1つだけ教えるようにします
2. 傲慢になる段階：学習者は一通りタスクをこなすことを習得していくと、自信がついてきます。そして、より効率的に決められたタスクをこなし、まれに起こるタスクをこなす方法も学習したいと思うようになります。この時点で、学習者は指導をしてもらうことを望みますが、指示されることや練習することを望まない人もいます。そこで、学習者にはやるべきことを伝え、練習するか否かは自分たちに選ばせるようにします
3. 謙虚になる段階：この段階になると、多くの学習者は自分たちの知識の限界を自覚しています。たいていの場合、この段階の学習は専門家同士でインフォーマルに起こります。このような状況では、学習者はディスカッション・グループ[※4]やその他のよりフォーマルでない学習プログラムを通じて、自分たちのもっている特定の問いへの答えを探求することを好むようになります

## 7. 成人の学習者は異なる学習スタイルをもっている

学習スタイルは、新しいコンテンツの獲得の仕方に関する好みです。すべての人が、好ましいと思う学習スタイルをいくつかもっています。

**学習と実践（doing）**

人によっては最低限の説明でタスクをまず実践してみることを好みます。別の言い方をすると、なるべく少ない指示で、試行錯誤によってコンテンツを習得することを好むのです。その後、デブリーフィング（debriefing：感想の共有）のプロセスを行います。デブリーフィングの中で、試行錯誤の活動で扱っている考え方を分類し、それらのコンセプトを広く適用する方法を学びます。このスタイルは、「実践してから学ぶ（do-then-learn）」スタイルと呼びます。

一方で、すべてを先に学び、その後にタスクを行うことで、何かに初めて取り組むときに失敗するというリスクを減らそうとするスタイルもあります。このスタイルは、「学んでから実践する（learn-then-do）」スタイルと呼びます。

**言語的学習とハンズオン (hands-on：実践) 学習**

　もう1つの学習スタイルとして、新しい知識を習得しやすい「感覚」に関連させるものがあります。言語的な学習者は、読むことで最も学習します。視覚的な学習者は画像を見ることで学習します。聴覚的な学習者は聞くことで学習し、運動感覚的な学習者は触ること（実践的体験）で学習します。

**多様な学習スタイルに合わせてデザインする**

　理想をいうと、すべての学習プログラムがすべての学習者の多様な学習スタイルに対応できるとよいでしょう。学習者は自分たちの好みに沿ったスタイルで学習できるので、コンテンツを習得できる可能性が高まります。

　しかし、現実の世界では、コースのデザイナーは、それぞれの学習スタイルに合わせ、別々のバージョンのトレーニング・プログラムをデザインし開発しなければなりません。たとえば、トレーニング・プログラムの視覚的なバージョンと言語的なバージョンをつくる必要があったりします。しかし、それも実現できないことが多いため、デザイナーはトレーニング・プログラム全体を通じてさまざまなストラテジーを使ってコンテンツを提供し、多様な学習スタイルの人のためにプログラムを構成します。

　たとえば、コースのある部分は視覚的な学習者に対応するように、より視覚的なものにするかもしれません。また、その他の部分は実践で発見しながら学ぶ学習者に対応するために、ハンズオン・エクササイズ（hands-on exercise：実践演習）で始めるかもしれません。

---
**基本原則2**

　トレーニング・コースをデザインし、提供するときは、学習者を成人として扱いましょう。成人は学習に関して子供と違う取り組み方をします。成人は、経験、テーマについての先入観、他のニーズをもってトレーニングに参加するのです。

---

# 基本のプロセス：インストラクショナル・デザインのADDIE（アディー）アプローチ

　HPIとアンドロゴジーの原理が指針となり、トレーニングの専門家はトレーニング・コースをデザインします。さらに、コースのデザイナーは構造化されたプロセスに沿って、トレーニング・コースをデザインします。そのプロセスの5つのフェーズである、アナリシス（Analysis：分析）、デザイン（Design：設計）、デベロップメント（Development：開発）、インプリメンテーション（Implementation：実施）、エバリュエーション（Evaluation：評価）の頭文字をとって、ADDIEモデルと呼ばれています。

## 基本原則3

　効果的なトレーニングでは、トレーニング課題に対する十分な理解だけでなく、達成すべき結果に関する明確な定義と、その結果を達成するために考え抜かれた計画が求められます。そのため、トレーニングの専門家は、コースをデザインするとき、系統立てられたアプローチを好みます。このアプローチによって、コースをデザインするというタスクを管理しやすいステップに分解することができます。また、デザインのプロセスにおける無数の細目にも確実に注意を払うことができます。

　このアプローチは、第二次世界大戦の頃にさかのぼります。その頃、米国の軍隊では高機能の新しい軍装備品を戦場で導入しており、効果的なトレーニングを早急にデザインする必要がありました。長い年月を経てモデルは改良されましたが、インストラクショナル・システム・デザイン（Instructional Systems Design＜ISD＞：インストラクショナル・デザインと同義）の本質的な要素は変わらず、5つのキーとなる活動がADDIEにまとめられています。

## フェーズ1：アナリシス（分析）

　アナリシスのフェーズは、トレーニング課題を理解し、トレーニング・コースが達成すべき学習目標を定義するための活動を含んでいます。具体的に、アナリシスのフェーズは次に説明する一連の活動を含んでいます。

### 問題を調査する

　これは、トレーニング・プログラムを通じて解消すべきパフォーマンス・ギャップと達成すべきビジネス・ゴールを明らかにする活動です。トレーニングの専門家はパフォーマンス・ギャップを明らかにすると同時に、卓越したパフォーマンスがどのようなものか、卓越したパフォーマンスを実現するために学習者はどのようなタスクやスキルを習得しなければならないかを明確にします。

　さらに、この調査では「学習者は誰か」「彼らがすでに知っていること」「仕事に対する気持ち」「新しいパフォーマンスの基準に向けて取り組む際に遭遇するかもしれない問題」など、学習者に関する情報も集めます。

　最後に、学習環境や仕事環境についての情報も集めます。これらの要因によって、学習して得た知識を仕事に適用できるかどうかが影響されます。また、分析によって、プロジェクトに影響を与えている制約条件も明らかにしなければなりません。たとえば、プロジェクトの絶対守らなければならない締め切り日、超えてはならない予算の範囲（トレーニング・コースのスポンサーとなっている組織が投資できる最大の金額）、環境に関わるその他の事柄でトレーニングのデザインと開発に影響を与えるものなどです。トレーニング・プロジェクトを開始する前に必要な情報については、第3章で詳しく扱います。

### トレーニング・プログラムの学習目標を定義する

　観察可能で測定可能な形でパフォーマンス・ギャップを埋めるために、学習者が達成しなければならないタスクを明言するというステップです。トレーニングの専門家は、学習目標を達成したかどうかを効果的に評価できるように、明確な言語で学習目標を記述します。その方法については、第4章で詳しく説明します。

### 学習評価の準備をする

　これは学習のテスト（検証）とも呼ばれており、この評価は学習の成功がどのようなものかを示します。そこで、トレーニング・コースのデザインに

着手する前に用意します。そうすれば、「テストに向けて教える」ことができ、より多くの学習者がコンテンツを習得することができるのです。テストの問いは、学習目標から直接浮かび上がってくるものです。

学習目標はトレーニング・コースのゴールを示すものであるため、テストに向けて教えることは望ましいことです。そうすることで、トレーニングの内容が確実にゴールに焦点を合わせたものになり、関連のないコンテンツに話がそれることがなくなるからです。

## フェース2：デザイン（設計）

アナリシスのフェーズの最後に、どのコンテンツをトレーニング・コースで扱うのかを決定します。デザインのフェーズでは、そのコンテンツをどのように提供するのかを決定します。具体的にデザインのフェーズでは次の3つの活動を行います。

▶ **学習目標を達成するのに適切なインターベンションを選定する**

本書は、トレーニングによってパフォーマンス・ギャップを解決するという前提で書かれていますが、現実の世界ではこの前提は通用しません。パフォーマンス・ギャップがリソースやモチベーションの欠如によって起こるものであれば、トレーニングでは問題を解決できないので、問題に対応するインターベンションを選定すべきです。本書はトレーニングに焦点を当てているので、他に考えられるインターベンションについては掘り下げません。

▶ **コースのコンテンツを構造化する**

コンテンツを構造化するときに、最初に行うのは、トレーニングのコンテンツを伝達する媒体（クラスルーム、コンピュータ、ワークブックなど）を理解することです。それぞれの媒体にそれぞれの特徴があります。どの媒体も同じくらい効果的に教えることができるという研究結果もありますが、その他の研究や実践経験から、媒体によって、効果的に教えるために必要なことが違うこともわかっています。たとえば、クラス

ルームでは60分から90分おきに休憩が必要ですが、ワークブックで学習する場合はそれよりも頻繁に休憩が必要になります。

次に、コース全体と各単元の中での教材の順番を決めます。その際、次の点を考慮しながら構造化しましょう。「すべての単元が同じ調子で進むようにするための基本構造を考える」「すべてのコンテンツを扱いやすい単元に分ける」「学習速度の遅い人がコンテンツを習得するための支援の仕方」「学習に対するモチベーションが高い人に向けて教材を充実する方法」などの点を考えましょう。コンテンツの構造化については、第5章で説明します。

▶ **コンテンツを提供する**

コンテンツの構造が決まったら、どのようにそれを提供するのかを決定します。ここでは、インストラクションに関わる多様なテクニックから選択をします。たとえば、クラシカル・アプローチ、マスタリー・ラーニング、ディスカバリー・ラーニングがあります。第6章では、活用できるさまざまなアプローチについて説明しています。

## フェーズ3：デベロップメント（開発）

デベロップメントのフェーズでは、デザインのプランをコースの教材に変換します。クラスルームのコースでは、スライド、講義ノート、配布資料を開発します。また、アクティビティーを運営するときにインストラクターが使う教材も開発します。たとえば、コンピュータで演習を行うためのデーターベースやその他の教材、一問一答形式の演習の解答集、クラスルームでのディスカッション用のガイドなどです。その他にもワークブックとワークブックに関わるスライドといったビジュアルを開発します。

第7章では、コースのために開発しなければならない教材の種類について確認します。第8章では、これらの教材の書き方やデザインの仕方の指針について説明します。また作成するときに考慮すべき点についても述べます。

加えて、デベロップメントのフェーズでは、専門家にコンテンツをレビューしてもらい、内容が正しいことを確認してもらいます。また、コースのパイ

ロット（試行）を実施し、対象としている学習者の代表にコースを受けてもらいます。それによって、コースのどの部分がうまくいき、どの部分に改善が必要なのかがわかります。最後に、編集の観点で、言葉の整合性や見出しの適切さを確認します。第9章では、専門的なレビューや編集のレビューを計画するときに考慮すべき点について述べます。

## フェーズ4：インプリメンテーション（実施）

　教材が製作されたら、学習者がコースを受ける準備が整います。実施のプロセスを「インプリメンテーション」と呼びます。教材を配布し、クラスで教えることはもちろん、クラスルームでの継続的な支援（AV機器や実験設備などの機材、インストラクター、セッションのスケジュールの調整、学習教材が予定通りクラスルームに到着していることなど）の確認を行います。

　また、インプリメンテーションのフェーズでは、対象としている学習者に対し、継続的にコースを普及させる活動を行うことで、コースをマーケティングします。一般的には、コースのカタログを刊行したり、ターゲットを絞ったメール配信を行ったりして、広告活動を行います。

　最後に、インプリメンテーションはコースの質の維持を意味します。コンテンツや資料の誤りを訂正したり、テクノロジーやビジネスのプロセスの変化、その他の事柄に応じて、コンテンツを更新したりします。

　多くの場合、実行に関わる業務は、最初にコースをデザインし、開発した人とは違う人が行います。とはいえ、コースを開発した人はこれらの業務について知っている必要があり、それに合わせて計画する必要があります。第10章はインプリメンテーションの業務について掘り下げます。

## フェーズ5：エバリュエーション（評価）

　エバリュエーションのフェーズは、トレーニング・コースをデザインするプロセスの最終フェーズです。コースが学習目標を達成したのかどうかを評価するための活動を行います。

　エバリュエーションは、1959年に最初に提唱されたドナルド・カークパ

トリック（Donald Kirkpatrick）のモデルに沿って、いくつかの異なるレベルで行われます（1998年）。カークパトリックの4段階モデルは図表1－1にまとめています。

　この本では、レベル1から3のエバリュエーションについて取り上げます。第4章では、それぞれのレベルに関わる情報を提供し、レベル1の満足度調査の見本やレベル2のクライテリオン・リファレンスト・テスト[※5]（criterion-referenced test：基準に照らし合わせたテスト）の開発の仕方について記述しています。なお、ASTDグローバル・ベーシック・シリーズに、コースのエバリュエーションについてより詳細に解説した『エバリュエーション・ベーシックス（Evaluation Basics）』（邦題『研修効果測定の基本』）があります。

図表１－１　カークパトリック（1998年）エバリュエーションの４段階

| レベル | 名前 | 評価される事柄 |
| --- | --- | --- |
| 1 | リアクション<br>（反応） | 学習者のコースに対する最初の反応を評価する。反応をみることで、学習者のコースに対する満足度を理解することができる。トレーナーはこのレベルの評価を「スマイリー・シート（smiley sheet：笑顔マークのシート）」と呼ばれるアンケート調査で行う。時折、トレーナーはフォーカス・グループ[※6]やそれと似た方法で、より具体的な意見（定性的なフィードバック）をもらうこともある。 |
| 2 | ラーニング<br>（学習） | 学習者が学習目標に到達した度合いを評価する。トレーナーは通常はクライテリオン・リファレンスト・テストを使って評価する。基準として使われるのは学習目標。通常、このテストでは、学習者が質問へ回答したり、インストラクターが観察しているところでデモンストレーション（demonstration：実演）に参加するという方法を取る。 |
| 3 | トランスファー<br>（学習した内容の応用や仕事への適用） | コースを受けた６週間後から６カ月後の間（実際にはそれよりも長く）、学習者がコースで学んだことを日常の仕事に適用している度合いを評価する。この評価は学習目標に基づき、テスト、観察、アンケート調査、同僚や上司のインタビューを使って行われる。 |
| 4 | ビジネス・リザルト<br>（ビジネスへの影響度、業績） | 組織の最終的な収益へのインパクトをコースの実施後６カ月から２年の間に評価する（実際の期間はコースの内容による）。多くの理由で、これは評価するのが最も難しいレベルである。まず、ほとんどのトレーニング・コースは、「このコースは、間接経費を20％削減することを目標とする」といった明確なビジネスの目標を設定していないという理由がある。もう１つの理由としては、ビジネスへのインパクトを評価するための方法がまだ洗練されていないことがある。ビジネス指標の変化を追うことで評価する人もいれば、観察によって評価する人、アンケート調査を使う人、定性的な評価をする人もいる。最後の理由として、６カ月も経っていると、業績の変化がトレーニングのみによるものなのかどうか、判断することが難しいからである。人事、仕組み、その他の要因がビジネスのパフォーマンスの向上に貢献しているかもしれない。 |

### 実践に向けて

トレーニング・プロジェクトを始めるにあたっては、いくつかの根本的なことを踏まえて取り組まなければなりません。これらはデザインする際に直面する課題に対応するときに、継続的に立ち返るものです。演習1－1はこの章で紹介されている基本についての学習を強化するのに役立ててください。

第1章　トレーニング・デザインの基本

## 演習1-1　デザインの基本を強化する

以下の空白を埋めてください。

1. デザインとは：
   _____
   _____
   _____

2. トレーナーの指針となる2つの基本的な原理は：
   _____ と _____

3. ヒューマン・パフォーマンス・インプルーブメントとは：
   _____
   _____
   _____

4. 大半のトレーニングは成人のためのアプローチであり、成人は学習に対し子供と違う取り組み方をします。本書に記述されている7つのアダルト・ラーニングの原理のうち、少なくとも3つを挙げてみてください。
   _____
   _____
   _____

5. トレーナーは、トレーニング・コースをデザインするときに、ADDIEと呼ばれる系統立てられたアプローチに沿って行います。ADDIEは何の略でしょうか？
   A _____
   D _____
   D _____
   I _____
   E _____

## 演習1-1　デザインの基本を強化する（続き）

解答

1. デザインは、問題解決の活動です。トレーニングの観点からいうと、トレーニング課題を分析し、期待されている成果を定義し、それらの成果を達成するために学習者にどのようにコンテンツを提供するのかを決定し、デザインに沿ってトレーニング・コースを開発し、コースを実行し、その効果性を評価するというフレームワークのことです。

2. ヒューマン・パフォーマンス・インプルーブメントとアンドラゴジー

3. HPIは、従業員が仕事において測定可能な効果を上げられるようにすることを意味します。たとえば、1時間で生産された製品の数、1時間で応対した電話の数、製品の販売個数、エラーの数など、具体的な仕事の効果として測定されます。以下の3つの原理がHPIの指針となっています。
   - すべてのトレーニング・プログラムが測定可能な形で人の行動の改善をもたらさなければならない。さらに、トレーニングを支援している組織にとって、行動の改善が有形の利益をもたらさなければならない
   - トレーニング・プログラムは現状のパフォーマンスと望ましいパフォーマンスの間のギャップを解消するものでなければならない
   - トレーニングはパフォーマンス・ギャップを解消しない可能性がある。トレーニングは、スキルと知識の不足によるギャップしか解消できない。その他の原因には、トレーニングは、適切なリソースの不足やモチベーションの不足がある

4. アダルト・ラーニングの原理：
   - アダルト・ラーニングは、アンドラゴジー（andragogy：成人教育）であり、ペダゴジー（pedagogy：子供の教育）ではない
   - 成人の学習者は時間に追われている
   - 成人の学習者は目的志向
   - 成人の学習者は予備知識や経験をもって参加する
   - 成人の学習者は吸収できる情報の容量に限界がある
   - 成人の学習者はモチベーションのレベルが異なる
   - 成人の学習者は異なる学習スタイルをもっている。たとえば、「実践してから学ぶ（do-then-learn）」スタイルと「学んでから実践する（learn-then-do）」スタイルがある

### 演習1-1　デザインの基本を強化する（続き）

5. ADDIE はアナリシス（Analysis：分析）、デザイン（Design：設計）、デベロプメント（Development：開発）、インプリメンテーション（Implementation：実施）、エバリュエーション（Evaluation：評価）の頭文字を取った言葉です。具体的に ADDIE は次の活動を含みます。

    - アナリシスは、トレーニング課題を理解し、トレーニング・コースが達成すべき学習目標を定義するための活動。その中には、問題を調査する、トレーニング・プログラムの学習目標を定義する、学習評価の準備をするといった活動が含まれる
    - デザインでは、コンテンツをどのように提供するのかを決定する。具体的には、コンテンツの形態（クラスルーム、コンピュータ、ワークブックなど）の決定、コンテンツの提供の仕方（どのようなインストラクションのテクニックを使うのか）の決定、コースの中で整合性が高い要素の選択
    - デベロプメントでは、デザインのプランをコースの教材に変換します。具体的には、コースの教材を開発し、試行し、作成し直す
    - インプリメンテーションでは、コースを学習者に提供する。コースのスケジュールの決定、クラスルームでの継続的な支援の手配、コースのマーケティング、質の維持を行う
    - エバリュエーションでは、コースが学習目標を達成したのかどうかを評価する。エバリュエーションは（1）満足度、（2）学習、（3）仕事への適用、（4）業績の4つの段階で測定できる

この章では、インストラクショナル・デザインの基本的な原理を紹介しました。第2章では、インストラクショナル・デザインのプロジェクトの現実的な取り組みに備えて、プロジェクトに誰が参加すべきか、どのようにプロジェクトを企画するかについて説明します。またスケジュールや予算を見積もるために、検討しなければならないことや知らなければならないことについても説明します。

1. サイコモーター・スキル（psychomotor skills）：ベンジャミン・ブルームによる、教育目標分類の1つ。日本では、精神運動領域として知られている。運動能力であるモータースキル（motor skills）を含め、身体的な動きやその調整なども含む。
2. コグニティブ・スキル（cognitive skills）：ベンジャミン・ブルームによる、教育目標分類の1つ。日本では、認知領域として知られている。知識や知性の発達に関するスキルを含む。
3. アフェクティブ・スキル（affective skills）：ベンジャミン・ブルームによる、教育目標分類の1つ。日本では、情意領域として知られている。物事に対する心理的な姿勢に関するスキル。感情、価値観、感謝、モチベーション、態度などを含む。
4. ディスカッション・グループ：特定のニーズ、課題、テーマ、関心領域などに関する情報、考え、意見を交換するインフォーマルで自発的な集まりのこと。
5. クライテリオン・リファレンスト・テスト（criterion-referenced test）：ベンチマークの基準や標準点を決めて、受講者やトレーニングの対象者の知っていることや知らないこと、理解できていることとできていないこと、実践できることとできないことを測定し、強みや弱みを明らかにするためのエバリュエーションの方法。コンテンツ・リファレンスト・アセスメント、クライテリオン・リファレンスト・アセスメントなどとも呼ばれている。日本では主に学校教育の分野で学力を測定するための検査をCRT検査といい、取り入れている。米国では実践の状態も測定内容にあり、成人のトレーニングの対象者の測定も含まれており、幅広く使われている。
6. フォーカス・グループ（focus group）：特定のテーマや問題のもとに、4人〜15人ほどが集まり、それぞれの見解を交換する。調査目的ではないものもあるが、定量的ではなく定性的なデータを集めるために調査で使われる。

# 第2章

# トレーニング・プロジェクトの企画の基本

> **この章の内容**
> この章では、トレーニング・プロジェクトのスケジュールや予算の計画の基本について紹介します。「トレーニング・プロジェクト」とは、トレーニング・コースをデザインし、開発する取り組みのことです。この章では、具体的に次のことを扱います。
> ▶ トレーニング・プロジェクトのプロジェクトチームに必要な要員と、それぞれがプロジェクトにどのように貢献するのか
> ▶ トレーニング・プロジェクトのスケジュールを立てるときに検討しなければならない事柄(もしくは対応しなければならない問題)
> ▶ プロジェクトの現実的なコストを見積もる方法
>
> 加えて、章末にあるワークシートが、プロジェクトの企画をする際に助けになるかもしれません。

トレーニング・プロジェクトはビジネス環境の中で進められるため、デザインや開発を進める前に、プロジェクトの進行中に通常出てくる、次の3つのキーとなる実務的な質問に答えなければなりません。

▶ トレーニング・プログラムのデザインと開発に誰が関与するのか？
▶ プログラムは、いつ終わるのか？
▶ プログラムは、いくらかかるのか？

これらの質問がなぜ組織にとって重要なのか、それに対してどのように答えることができるかについて、この後紹介していきます。

## トレーニング・プロジェクトに誰が取り組むのか？

　コースのデザイナーやデベロッパーとして、主に皆さんがプロジェクトに対して責任をもつことになりますが、多くの人が皆さんの取り組みに関心を寄せています。そして、それぞれの人がプロジェクトに対して異なる関心をもっています。たとえば、シニア・バイス・プレジデント（senior vice president：上級管理職）は、新しい経営方針についてのトレーニング・コースを心待ちにしているかもしれません。また、グラフィック・デザイナーは、スライドの作成を開始するために、原案が出来上がるのを待っているかもしれません。プロジェクト・マネジャーは、予算の範囲を超えていないか確認するために、皆さんが何時間費やしたのかを気にしているかもしれません。

　別の言い方をすると、皆さんが独りで仕事をしているように思えても、いつどのようなときでも、実際は効果的なトレーニング・プログラムをデザインし、開発するために、多くの専門家がコラボレーションをしています。一番の難題は、いつ誰に相談すればよいかの見当をつけ、どのように人々とそれぞれの役割をうまく調和させて効果的なワーク・チーム（work team：作業チーム）を実現していくかを考え出すことです。

　プロジェクトの参加者は2つに分類することができます。トレーニングのスポンサーをしている組織（以降スポンサー組織）のメンバーとトレーニング部門のメンバーです。次のセクションでは、役割の分類と人々の具体的な役割について説明し、成功するワーク・チームを形成する方法について説明します。

### スポンサー組織の中の役割

　ほとんどのトレーナーは、企業内のトレーニングの部署で働いていたとしても、あるいはトレーニング事業を行っている外部の会社で働いていたとし

第2章　トレーニング・プロジェクトの企画の基本

ても、クライアントとサプライヤーのような関係で仕事をしています。つまり、トレーニング組織以外の人がコースのデザインや開発を依頼します。そしてトレーナーは、そのクライアントのニーズに対応するためのトレーニング・プログラムを提供します。たとえば、製造部門のマネジャーは、トレーニング部門に安全作業手順についてのコースを用意するように依頼するかもしれません。マーケティングとセールスのバイス・プレジデントは、新任のセールス担当者に対するオリエンテーションを依頼するかもしれません。また、外部の企業が、皆さんの会社と契約し、製品知識トレーニングのビデオの製作を依頼するかもしれません。

本書では、クライアントを「スポンサー」と呼びます。スポンサーには、それぞれ異なる役割を果たす人が何人かいる場合もあれば、1人が複数の役割を担う場合があります。スポンサー組織の担当者は、このプロジェクトで担う役割、プロジェクト以外の責務、プロジェクトへの関心などの組み合わせによって、プロジェクトへの関わり方がさまざまになります。プロジェクトで中心的な役割を果たす人もいれば、書類上での役割を担うだけの人もいます。それぞれの役割は次の通りです。

### 支払いクライアント

この人は、エグゼクティブ・スポンサーもしくはベネファクター（benefactor：後援者）とも呼ばれますが、プロジェクトの責任を負っているエグゼクティブです。この人と接点をもつ機会は少ないかもしれませんが、この人がプロジェクトへの支払いの決定や停止の権限をもっており、最終的に結果に満足してもらわなければならない人であることを認識しておきましょう。

### サブジェクト・マター・エキスパート

SME（Subject Matter Expert）とも呼ばれていますが、この中には、トレーニング・プログラムで扱う技術的なコンテンツを開発する人もしくは人々が含まれます。皆さんのプロジェクトにはトレーニング・プロジェクトの種類と組織の大きさによって、1人もしくはそれ以上のSMEがいるでしょう。異なるトレーニング・プロジェクトで関わるそれぞれのSMEについては、

図表2-1を見てください。

　SMEは通常、トレーニング・プログラムのコンテンツが正確で、完全であるかどうかに焦点を当て、情報が正確に伝えられているかどうかに関心をもっているため、よく誤った言葉の使い方について指摘します。一方で、SMEは、学習者が必要とする以上の情報をコースに入れるよう要求することもあります。しかし、過度な情報は、学習者がコースの学習目標をうまく達成する妨げとなることがあります。その場合、皆さんはどの情報が学習者の役に立つ情報であり、どれが役に立たないのかを判断し、学習者のニーズをうまく主張する必要があります。

**図表2-1　トレーニングとSME**

| トレーニングの種類 | 典型的なSME |
|---|---|
| 製品トレーニング | 製品を開発したエンジニア、プログラマー、研究者。多くの組織で、その製品の開発やマーケティングに関与したマーケティングの専門家もSMEの役割を果たす。 |
| マーケティングのトレーニング | マーケティングのマネジャーやスタッフ（セールス戦略の立案、販売促進プログラムの作成、現場に出ているセールスの人たちの監督をしている人）。場合によっては、現場のセールス担当者に相談してもよい。 |
| マネジメント開発 | 会社の方針の管理、従業員の管理、サクセション・プランニングといったことに責任をもっている人材開発のスタッフやその他のマネジャー |
| 医療トレーニング | 医療スタッフ、エンジニアなど、サービスや製品に関わる人。規制のある製品やサービスの場合は、行政の規制に関する機関（たとえば、米国食品医薬品局など）の人も、外部のSMEとしての役割を果たすかもしれない。 |
| 新しい従業員のオリエンテーション | トレーニングで扱っている分野に関わる人材開発のスタッフやマネジャー |
| 製造のトレーニング | 製造工程をデザインしたエンジニアや影響を受ける製造ラインのマネジャー |

**法務のスタッフ**

　会社の法務部の担当者がその役目を果たしてくれるでしょう。法律的なレ

ビューをする人は、プログラムにおいて暗黙的に示している、あるいは実際に明示されている保証や担保責任の正確さを確認します。また、知的財産の売買や守秘義務の遵守などが正しく行われているか[※1]、プログラム内のテストが、すべての学習者にとって公正であるかということも確認します。

**学習者**

学習者はトレーニング・プログラムを受ける人々のことです。プログラムのニーズを分析する際に、学習者を明確に特定します（詳細は第3章をご覧ください）。学習者は主として、自分たちの仕事に役に立つコンテンツかということと、コースを簡単に受けられるかどうかということに重点を置きます。学習者がトレーニング・プログラムで考慮することは、以下の事柄です。

- コンテンツは、理解しやすいものだったか。一度の説明で、理解できたか。それとも理解するまでには何度か説明を受ける必要があったのか
- 情報は完全だったのか。設問に対する回答が見つかったか。それとも、満足のいく答えを得るために追加で質問する必要があったのか。何か抜けている情報がなかったか
- 情報は適切なものだったか。コンテンツを自分の仕事に適用する方法を見つけることができたか
- 仕事に戻って、教わったスキルを実践することができたか
- トレーニングの経験にどれほど満足したか。満足していないとしたら、具体的に何が問題だったのか

### 基本原則4

皆さんは、スポンサーのために働いています。スポンサーがいなければ、仕事はありません。そのため、皆さんの主要な仕事は、学習者の代弁者であり続けながらも、スポンサーを満足させることです。この立場によって、時には難しい問題に直面することがあります。なぜならば、学習者のニーズとスポンサーのニーズがかみ合っていないように感じられることもあるからです。しかしながら、学習者がコンテンツを習得することによってのみ、スポンサーはビジネスのニーズを達成することができるのです。結局のところ、双方はお互いを必要としているのです。

## トレーニングの組織内での役割

　トレーニング・プログラムのデザインと開発を行うプロセスは、以下のような多様な専門家のスキルを必要とします。

▶ **マネジャー**
　皆さんが働いている組織の中で、プロジェクト全体に責任をもつ人です。マネジャーはプロジェクトを割り振り、予算やスケジュールを組み、コンピュータや製品のプロトタイプなどプロジェクトに必要なリソースを確保し、進行中のプロジェクトの問題を解決します。マネジャーは、皆さんの代わりにこれらの業務を行うこともあれば、皆さんと一緒に業務を行うこともあります。組織によっては、皆さんの監督者となる場合もあります。しかし、それ以外の場合は、マネジャーはプロジェクト・マネジャーと呼ばれ、プロジェクトのマネジメントのみを行います。

▶ **カリキュラム・プランナー**
　特定の専門領域に関するすべてのトレーニングを計画する人です。どのコースをカリキュラムに含めるべきか、それぞれのコースが扱っているコンテンツは何か、関連する教材は何か、コンテンツの開発に必要なリソースは何かを確認し、コースの成功に向けて指揮します。特定のコンテンツの分野に関する一連のトレーニング・プログラムと教材はカリキュラムと呼ばれています。カリキュラム・プランナーとプロジェクト・マネジャーは同じ人が行うこともあります。

▶ **コース・デザイナー、デベロッパー**
　ニーズ分析を行い、コンテンツを選択して順番を決め、スライド、インストラクター向けのメモ、ワークブックを作成し、コースの教材を生み出すのを指揮します。多くの場合、コース・デザイナーとデベロッパーはコースの財務に関する責任をもっています。また、コースのデザイナーやデベロッパーは、自分たちで開発したプログラムのインストラクターを行うこともあります。

▶ グラフィック・デザイナー
トレーニングの教材の見た目をデザインし、版下や図表などを用意します。

▶ イラストレーター
医療関連のイラストや新製品の描画など特別なイラストを用意する人です。

> **補足説明**
> よくグラフィック・デザイナーとイラストレーターを混同する人がいます。イラストレーターはイラストの描画をします。グラフィック・デザイナーは、文字やイラストの全体的な見かけを構想します。

▶ プロダクション担当者（製作の担当者）
教材を複製する準備をする人です。最終的な生産物がどのコミュニケーション媒体かによって、製作に必要なスキルは異なります。具体的には、デスクトップ・パブリッシング（DTP）[※2]、ビデオ、オーディオに関するスキルなどがあります。これらのスキルについては図表2-2に詳細があります。

▶ トレーニング・アドミニストレーター
トレーニング・プログラムの運営を管理する人です。プロモーション活動、教室やインストラクターのスケジュール調整、受講者の登録、コースの最中の学習者の世話、学習者が修了したコースの記録、エバリュエーションのとりまとめなどを行います。

**図表2－2　プロダクション担当者（製作の担当者）に必要とされる専門スキル**

| 媒体 | 必要とされる製作のスキル |
| --- | --- |
| 印刷された教材 | 組織で指定されているソフトウェアやハードウェアで、デスクトップ・パブリッシング（DTP）を扱うスキル |
| オンラインの教材 | オーサリング・スキルやプログラミングのスキル。オーサリング・スキルとは、オーサリング・システムと呼ばれる専門的なソフトウェアを使って、オンラインで提供する情報を整えるスキルのこと。プログラマーは、オーサリング・システムだけではコース・デザイナーやデベロッパーが計画した通りに情報を提示できないときに支援する。 |
| ビデオでの提供 | カメラや音声の技術、ビデオ編集（バラバラな順番で録画されたさまざまな場面を1つのビデオテープにまとめていく）、演出、ナレーション、監督などのテレビの製作スキル |
| オーディオでの提供 | ナレーションや音声編集（別のときにレコーディングされた音声をコンパイルしてまとまりにしていく）などの音声製作のスキル |

　理想的なプロジェクトでは、これらの役割をそれぞれ別の人が果たします。そのことで、各メンバーが自分の専門領域に集中して取り組むことができます。しかし、通常のプロジェクトでは、1人が複数の役割を兼務します。たとえば、コース・デザイナーやデベロッパーがトレーニング・プログラムに関わる製作のすべてに責任を負うことがあります。また、もう1つ注意しなければならないのは、チームのメンバーは、通常、複数のプロジェクトを掛け持ちして取り組んでいるということです。その結果、チームのメンバーは、必要なときに、皆さんのプロジェクトの仕事ができないことがあるかもしれません。他のチームのメンバーに仕事を依頼したいときは、早めに予定を伝えれば、彼らもスケジュールを調整しやすいでしょう。

## チームとしてうまく一緒に働くには

　トレーニングをデザインするのは、チームでの取り組みになります。皆さんと皆さんのチームがより効率的に成果を高めるために、次の5つのポイントを参考にしてください。（カーライナー、1995年）

1. 自分自身を知る
2. 一緒に仕事する前に、お互いを知るための時間を設ける
3. お互いに対する尊敬や信頼を築く
4. 率先してコミュニケーションする
5. フィードバックを受ける心の準備をする

　チームワークは、作業の分担をすることではありません。仕事を共有することなのです。プロジェクトの初めに、いくつかのストラテジーに従うことで、チームがプロジェクトの間、ずっと一体感をもって取り組むことができます。

**意思決定の仕方**

　グループに最も起こりがちな問題は、メンバーの一部が意思決定のプロセスから外れていると感じるというものです。そこで、大きな意思決定をする前には、どのようにその決定をするのか確認しましょう。たとえば、全員の意見が一致したら決定するのか、投票で決めるのか、特定の人に結論を委ねるのかといったことを決めます。どの戦略で決めたとしても、全員が安心できるのであれば、それがその場に適切な戦略なのです。

　最初のミーティングで意思決定の方法についてオープンに話すことで、後から問題が起こるのを防ぐことができます。たとえば、主要な決定については全員の賛同を得ると決めたのであれば、チームメンバーはプロジェクト全体に影響すること（たとえば、コンピュータを使ったトレーニング・プログラムのスクリーンのフォーマットなど）を一方的に決めてはならないと理解するでしょう。（カーライナー、1995年）

**対立に対応する**

　何かを決定する際に、グループの全員の賛同を得られないときはどうすればよいのでしょうか？　決定をしないのか、誰かの判断に委ねるのか、あるいは多数決で決めるのでしょうか？　また、特定の2人の反りが合わない場合はどうすればよいのでしょうか？　誰かが仲裁すればよいのでしょうか？　それとも、自分たちで対立を解消してもらえばよいのでしょうか？

多くの場合、グループでは、対立を避けようとするものです。そして、問題が解決していないことによって、組織に亀裂が生まれます。対立の中心にいる人たちが他のチームメンバーを自分の味方にしようとします。まとまりのあるチームになるのではなく、いがみ合う派閥に分かれてしまうのです。対立を経験する前に、どのように対処するのかを決めておくことで、これから発生する問題へ対応するための戦略をもつことができます。（カーライナー、1995年）

**コミットメントについて**

各チームメンバーにどの程度のコミットメントを期待するのかについて話し合いましょう。チームワークでよくあることですが、人それぞれコミットメントについて異なるコンセプトをもっています。人によっては、コミットメントとは、プロジェクトに1日24時間すべてを捧げることだと信じている人もいます。他の人は、業務時間内だけは完全に集中することと考えているかもしれません。また、コミットメントするということは、時には週末の業務や残業をすることはやむを得ないにしても、無限に時間を費やすことではないと思っている人もいます。（カーライナー、1995年）

**態度の基準**

チームメンバーがお互いに完全になじむまでは、行儀よく振る舞うように促しましょう。たとえば、人によっては、際どい発言や冗談を好む人もいます。一方で、それに対しひどく気分を害する人もいます。プロジェクトの初期では、慎重に言葉を選び、他者の気分を害するような話題や表現を注意深く避けるようにすることで、他のチームメンバーに受け入れられる可能性が高まります。

とはいえ、チームがまとまりをもって取り組み始めたからといって、行儀よく振る舞う必要がなくなるということではありません。行儀よく振る舞う時期を過ぎても、チームメンバーが当然理解してくれているものと思わないようにしましょう。たとえば、皆さんがチームメンバーの貢献に感謝しているということを以前伝えたからといって、メンバーはそれをわかっていると思い込まないほうがよいでしょう。

また、期限を守ることの重要性を強調するようにしましょう。チームの初期は、お互いを信頼できるのかどうかがわからないため、納期に間に合わないことは、どのような理由であれ、コミットメントが不足していることを示します。チームメンバーは、相互にコミットメントすることを当てにしているため、納期を守らないことは信頼を損ねます。最初のときにコミットメントを見せないと、他のチームメンバーは、その人のことを信頼できない人として見なすでしょう。プロセスの後半になってからしか寛大な目で見ることができません。たとえば、「期限を守れないなんて、彼らしくない」といって許容できるのは、その人のことを知っているからでしょう。（カーライナー、1995年）

## プロジェクトの前提

　スケジュールや予算を計画する前に、それらの前提を確認し、明言しなければなりません。そうすることでスポンサーとなっているマネジャーの期待をうまく調整することができます。期待を調整することで、スポンサーに満足してもらえる可能性が高くなります。

　トレーニング・プロジェクトにおける時間と費用の見積もりをするときに、一般的に影響する事柄がいくつかあります。まずは、題材の安定性があります。題材が安定していない場合は、一度書き上げた部分を完全に改訂しなければならないということが起こる可能性が高まります。企画のときに題材の不安定さについて説明することで、スポンサーは、変更が生じた場合、そのことがプロジェクトにどのような影響を及ぼす可能性があるかについて意識するようになります。次のことに焦点を当てましょう。

### 基本原則5

　プロジェクトの前提はあらかじめ明言しましょう。プロジェクトを成功させるためのスケジュールや予算はそのような前提に基づいて明らかになります。そこで、特定のスケジュールや予算でトレーニング・コースを完成させる約束をする前に、その前提を明確にし、スポンサーと共有しましょう。明確にしておくことで、これらの前提が後に変わったり、間違っていることがわかったりした場合、スポンサーとスケジュールや予算の交渉を再度行うことができます。

- ▶ 題材のうち安定していない側面をできるだけ具体的に特定する
- ▶ 題材の何が安定していないのかを明言する
- ▶ 題材が不安定なことで、どの部分が影響を受けるのかを明確にする
- ▶ 不安定さにどのように対応するのかを確認する

たとえば、予想外の変更に対応するためにあらかじめスケジュールを2倍、もしくは3倍見積もるということがあります。または、スポンサーに条件を提示し、特定の問題を特定の日までに解決しなければ、スケジュールを守れないことを承知してもらうということもあります。

見積もりに影響する2つ目の一般的な事柄は、作成する予定のない教材です。それらを具体的に明言しましょう。コースのデザインの計画から明らかなはずではありますが、スポンサーは何が含まれているのかはわかっていても、何が含まれていないのかはわかっていない場合もあります。

### 補足説明

作成する予定のない教材を明確に提示することで、スポンサーはコースのその他の制約に意識を向けることになります。スポンサーが、除外されているコンテンツについて快く思っていない場合は、デザインの計画（予算やスケジュールを含む）をすぐに修正することができます。もしくは、除外された教材について、スポンサーから後に追加するように依頼された場合に、予算やスケジュールを交渉するための根拠となります。

## プログラムはいつ終わるのか？

「プログラムがいつ用意できるのか」が最終的な答えになります。トレーニング・プログラムのデザインは複雑なプロジェクトです。スライド、インストラクター用の手引書、受講者向けの教材といった異なる要素を個別に開発し、一度に統合することもあります。加えて、それぞれの教材が効果的であることを確認する必要

### 基本原則6

スケジュールを提示するということには、次の活動を順に行うことが含まれます。
1. プロジェクトの規模の見積もり
2. プロジェクト全体の長さの見積もり（必要となる営業日の日数）
3. 中間成果物の締め切り日の設定

があります。こういった理由から、プロジェクトを扱いやすいステップで管理するために、トレーニング・プログラムの開発には、マイルストーンやチェックポイントと呼ばれるいくつもの中間段階があります。

## プロジェクトの規模の見積もり

　クラスルームでのトレーニング・プログラムをデザインし、開発するプロジェクトの場合、スポンサーやプロジェクト・マネジャーは、自分たちが意図しているコースの長さ（たとえば半日、1日、2日、1週間）を伝えてくることも多いでしょう。プロジェクトの企画段階では、提示されたコースの長さが正確だという前提で企画を行います。もし意図しているコースの長さに対して教材が多すぎる、もしくは少なすぎる場合は、プロジェクトの企画後に、コースの長さの変更を提案してもよいでしょう。

　ワークブックをデザインする際は、プロジェクトの長さをページ数で見積もることが求められることも多いでしょう。経験豊かなコース・デザイナーは、過去にデザインし、開発した、似たようなプロジェクトに基づいて、何らかの長さを提示することができます。しかし、もし経験がそれほどない場合、プロジェクトの長さを見積もるのに最も良いタイミングは、トレーニング・プログラムのデザインの準備が整った後です。その時点では、どのコンテンツを扱うのか、それらをどのように提供するか、また教材を提供するために何ページくらい必要なのかの見当がついているからです。

　しかし、残念ながら、多くのスポンサーはデザインの準備が整う前にプロジェクトのスケジュールの見積もりを欲しがります。そのような場合、できる限り妥当な推測をしなければなりません。その後、推測の不確実さを考慮に入れて、誤差を加えます。誤差を計算に入れることで、プロジェクトの規模を大きくしましょう。いくつかの条件によって、誤差の範囲は変わります。（図表2－3）

**図表2-3　トレーニング・プロジェクトの誤差**

| 扱っている題材 | スケジュールに誤差として加える時間 |
|---|---|
| 非常に安定した題材 | 10～20% |
| 多少安定した題材 | 20～30% |
| 安定していない題材、もしくは信頼できないスポンサー | 50～100% |

　たとえば、皆さんが、ワークブックは100ページになると見積もったとします。また、題材は多少安定していると評価したとします。図表2-3によると、30%を誤差の範囲として加えたほうがよいでしょう。

　30%の誤差の計算式は以下のようになります
　　100ページ×0.30（誤差）＝30ページ

　ページ見積もりに、誤差の分を加えます。
　　100ページ＋30ページ＝合計130ページ

　つまり、ページ数の見積もりは、誤差を含めて130です。

## 必要となる営業日数に基づくプロジェクト全体の長さの見積もり

　プロジェクトに必要な営業日数を決定します。その際、営業日は通常の日数と異なることに留意しましょう。1週間は7日ありますが、週休2日の場合、営業日は5日しかありません。このステップでは、プロジェクトを完了するのに必要な営業日数を計算します。

**考えるヒント**
必要となる営業日数を算出する方法は、皆さんが期限を設定するのか、あるいは、スポンサーによって動かせない期限が設定されているのかによって異なります。

## 皆さんがプロジェクトの期限を設定できる場合

皆さんが設定できるという状況は、最も理想的です。皆さんがプロジェクトを完了するのに必要な時間に基づいて、期限を設定できるのです。必要な営業日の合計日数を算出するには、インストラクションの媒体に基づいた見積もりを行います。

次の値は単なる参考値です。実際の値は、組織によって異なりますし、人によっても確実に異なります。しかし、経験がないうちは、見積もる際の現実的な測定方法となります。

- クラスルームで行われるコース：1時間のインストラクションを完成させるのに、25～40時間の作業時間が必要です
- ワークブックを使ったコース：ワークブックの1ページを完成させるのに、4～6時間の作業時間が必要です

図表2－4は、トレーニング・プロジェクトを完了するのに必要な時間の算出例を示しています。

---

**補足説明**

それぞれの見積もりの算出式の根本にあるのは「仕事を完成させる」というコンセプトです。「ページを完成させる」ということは、そのページを製作するために関わる、すべての作業を含むことを意味します。コース・デザイナーやデベロッパーの作業時間以外にも、たとえば、レビューの時間、管理・調整の時間、編集の時間、グラフィックを準備する時間なども含みます。さらに、時間の見積もりには、コースで利用される受講者用の教材を準備する時間も含まれます。

---

**図表２−４　トレーニング・プロジェクトの長さの算出**

クラスルームのコースを完成させるのに必要な日数

単位（１時間のインストラクションにつき 25〜40 時間の作業時間）× インストラクションの時間数

コースが 1.5 日かかるものだと仮定します。また、１日のインストラクションの場合、実際にクラスルームにおいて、受講者と接触している時間が 6.5 時間だとします（１日 8 時間のうち残りの時間は、休憩に費やされます）。以上を踏まえて、実際のコースの長さを時間に換算すると以下になります。

1.5 × 6.5 ＝ 9.75 時間のインストラクション

コースのデザイナーとデベロッパーが、コンテンツについて多少知っているため、１時間のインストラクションを完成させるのに、推奨されている 40 時間よりも若干少ない 35 時間で進めることができると仮定します。

9.75 時間のインストラクション × 35 時間の作業時間 ＝ 完成させるのに 341.25 時間（関わる人全員の合計）

そうすると、何営業日かかるのでしょうか？　週数の数値を得るために、合計の時間を１週間の労働時間で割ります。この場合、8.6 週間弱になります。

しかし、これではまだ祝日、欠勤、その他の理由を考慮に入れていません。そこで、プロジェクトを完了するのに必要な週数の合計の見積もりに 20％を追加してください。

（8.6×0.2）＋8.6＝10.32 週

このプロジェクトに必要な週数は、合計 10.32 週です。

## スポンサーによって動かせない期限が設定されている

　スポンサーがトレーニング・プログラムを開発するように依頼してくる際、多くの場合は、「プログラムが完成し、利用できるようになっている必要がある」という動かせない最終期限をもっています。これは、ドロップ・デッド・デート（drop-dead date：例外なく最終期限となっている日）と呼ばれています。このような場合は、その期限を死守しなければなりません。

　期限が設定されていたとしても、前述の算出方法を使ってプロジェクトを完了させた場合に必要とされる時間を算出してみましょう。トレーニング・コースをデザインし開発するのに、算出した時間ほどは取ることができないにしても、この情報を使って、プロジェクトを完了するために支援を要請す

ることができます。

　たとえば、図表2-4で記述したコースは、10.3週間の時間が必要と見積もっていますが、スポンサーは8週間で完成させることを要求しているとします。プロジェクトの合計時間の25％にもなる2.3週間分を短縮しているということをスポンサーに認識してもらうことで、その時間分を埋め合わせするために、25％以上の他のリソースの追加投入が必要であることを伝えることができます。しかし、留意すべき重要な点は、プロジェクト期間の途中に別の人を加えることは、プロジェクト全体に関わってもらっていることとは違います。新たなメンバーを加えることで25％の時間分を埋めることができるかもしれませんが、その人にプロジェクトについての情報を共有し、メンバーとしてトレーニングする必要があります。そうすると、必要な合計時間が増えてきます。

**中間成果物の締め切り日の設定**

　ここまでの算出は、トレーニング・コースの開発にかかる合計の時間を示しています。この時間には、プログラムの原案をつくるだけでなく、ニーズ分析を行い、レビューのための原案のコピーと配布、コースの試行、コースの教材製作が含まれます。また、この時間は、皆さんの時間だけではなく、レビューするSME、スライドを作成するグラフィック・デザイナー、教材を製作し複製するプロダクション担当者など、その他の人の時間も含みます。

　次の難題は、それぞれの人が各自の仕事を遂行するのに十分な時間をもてるように、プロジェクトの途中の中間成果物の締め切り日を明らかにすることです。この締め切りは「マイルストーン」と呼ばれています。第1章で解説したADDIEのプロセスの各フェーズがほとんどのマイルストーンに該当します。しかし、その他にもマイルストーンが追加されます。これらは、トレーニング・コースを開発するプロセスにおいて、さまざまな役割を果たしている人々に、彼らの支援が必要であることを知らせます。

　プロジェクト全体に対する各ステップの割合によって、それぞれのステップへの時間配分が決まります（ハコス、1994年）。中間成果物の締め切り日を設定するには、まず現在からプロジェクトの完了日までの間を4つの大きな塊に分けます。図表2-5は中間成果物の締め切り日を設定する際に必要

となる時間を見積もるための方法を提案しています。

　前述の例であげたコースをデザインし、開発するのに11週間あると仮定すると、図表2-6で示しているようなスケジュールになるでしょう。

　次に、各活動について具体的な日にちを割り当てます。この作業は単純なものですが、もしレビューをオンラインで行おうとしている場合、レビューのプロセスの最初もしくは最後に作成した案を配布するための時間を取っておきましょう（今回の例のように短いコースであれば半日程度）。

　印刷された資料でレビューを行う場合は、原案をコピーするのに十分な時間を取っておくようにしましょう（最低でも2日間）。また、レビューを行う人に送付する時間や原案を送り返してもらう時間（これも最低で2日間）を取っておきましょう。製作に必要な時間の中には、コースの教材を製作するのに必要な時間が入っていますが、印刷にかかる時間も入っています。

　最後に、日にちの割り当てにはかなりの柔軟性があるということに注意してください。見積もりに使う算出式は、あくまでも見積もるためのものなのです。

### 図表2－5　中間成果物の締め切り日の計算

| マイルストーン | プロジェクト全体に対する割合 |
|---|---|
| ニーズ分析：以下の活動それぞれについて、個別にスケジュールを設定することはない（ニーズ分析全体でまとめてスケジュールを設定しておく）が、それぞれの活動を行う時間は取っておかなければならない。<br>●リサーチ<br>●インタビュー<br>●ニーズ分析の報告<br>●報告に対する承認を得る<br>●学習目標を書く<br>●エバリュエーションのプランの準備<br>●学習目標やエバリュエーションのプランに対するインフォーマルな承認を得る | 10～15% |
| デザイン：トレーニングのデザインの原案、レビュー、修正のための時間がスケジュールに含まれているが、以下の活動の時間も考慮に入れる。<br>●形式や媒体を選択する<br>●コンテンツの構造を設計する<br>●デザイン計画を準備する<br>●スポンサーや受講者の候補と、デザイン計画をレビューし、修正する<br>●製作のガイドラインを準備する（編集、技術、製作、使い勝手に関するガイドライン）<br>●プロジェクトの企画に対する最終的な承認を得る | 15～20% |
| 原案づくり | 25% |
| SMEや同じ組織の同僚による原案のレビュー：レビューの時間に関しては現実的に考える。600ものスライドを1日、2日でレビューするのは不可能。印刷物でレビューをしてもらう場合はコピーに必要な時間を取っておき、オンラインでもメールの送受信に必要な時間や、もらったコメントについて意図を確認するためのミーティングの時間も取っておく。 | 「原案づくり」の時間に含まれる。ただし、レビューをする人に、コピーがいつ送られるのかについて知らせておく必要がある。 |
| 第2案の作成 | 15% |
| 第2案のレビュー | 「第2案の作成」の時間に含まれる。 |
| 第3案の作成（任意） | 10% |
| 第3案のレビュー（任意） | 「第3案の作成」の時間に含まれる。 |
| 最終案の作成 | 5% |

図表2-5　中間成果物の締め切り日の計算（続き）

| マイルストーン | プロジェクト全体に対する割合 |
|---|---|
| 製作：スケジュールの中では個別に作業時間を設定しないが、次のことを行う時間は十分に残しておく。<br>● 複製や編集を行う<br>● 印刷用の教材を準備する<br>● 印刷する | 10% |
| 教材の発送や配布 | 発行、公開の仕方によっては、追加で1～4週間とっておく。 |

図表2-6　デザインと開発に必要な時間

| マイルストーン | プロジェクト全体に対する割合 | 必要な時間 |
|---|---|---|
| ニーズ分析 | 10～15% | 1週間 |
| デザイン | 15～20% | 2週間 |
| 原案づくり | 25% | 2.5週間 |
| 原案のレビュー | 「原案づくり」の時間に含まれる。 | 原案づくりの2.5週間のうちの3日を確保しておく。 |
| 第2案の作成 | 15% | 1.5週間 |
| 第2案のレビュー | ― | 1.5週間のうちの2日を確保しておく。 |
| 第3案の作成（任意） | 10% | 1週間 |
| 第3案のレビュー（任意） | ― | 1週間のうちの1日を確保しておく。 |
| 最終案の作成 | 5% | 0.5週間 |
| 製作 | 10% | 1.5週間 |
| 教材の発送や配布 | 1～4週間 | 1週間 |

　スポンサーとスケジュール案を確認するときは、それぞれのレビューを期日

通りに完了してもらうことについて、署名で合意を得ましょう。スポンサーが期日通りにレビューを終えてくれないと、皆さんのスケジュールに影響があるため、この合意は必須です。また、もしスポンサーがレビューの期日に間に合わない場合、1営業日レビューが遅れれば、最終的なプロジェクトの完了日も1営業日延ばす権利があるということについても、事前に合意を得ましょう。

　スケジュールの合意ができたら、それを正式に発表し、プロジェクトチームのメンバー全員と共有しましょう。直近の締め切り日について、定期的に周知し、必要なときに必要な支援が得られるようにしましょう。

## プログラムの予算の見積もり

　予算とは、プロジェクトを行うためにかかる費用見積もりの明細です。最も大きな影響を与えるのは人件費であり、労働時間の長さに対して費用を支払います。そこで、スケジュールを見積もることで明らかになったプロジェクトの長さに基づいて、予算のほとんどが決まります。トレーニング・プログラムのデザインと開発の費用には、コースのデザイナーやデベロッパー、プロジェクト・マネジャー、プロダクション担当者の「完全な間接費」のすべてが含まれます。

　加えて、機材、ソフトウェア、トレーニング、複製、特別なサービスに対する費用もあります。これらの費用の算出方法は、組織によって異なります。たとえば、組織によってはコースのデザイナーやデベロッパーの時給に基づいて請求し、そこにはプロジェクト・マネジャーの費用が含まれている場合があります。他の組織では、これらのサービスについて、分けて請求する場合もあります。

### 基本原則7

予算はスケジュールを設定した後に設定しましょう。

### 補足説明

「完全な間接費」の中には、労働に対する費用の他に付加的な費用のすべてが含まれます。たとえば、給与、ベネフィット（benefit: 福利厚生）、税金、事務所の費用やサポートサービスなどの関連する費用があります。

図表２－７は、前のセクションでスケジュールの見積もりを出したトレーニング・プログラムにかかる費用の見積もりです。ただし、この予算の見積もり例は、プログラムのデザインや開発、コース教材の複製にかかる費用の部分しか扱っていませんので、その点を注意してください。トレーニング・プログラムを教えるための費用は含まれていません。また、契約した専門家以外でレビューしてくれる人のコストは、予算の見積もりには含まれていません。

　予算を組んだら、スポンサーとレビューしましょう。スポンサーの承認を得ることができれば、その予算に基づいてプロジェクトに関する費用を支払うことができます。

**図表２－７　予算の算出例**

| 予算項目 | 時間と料金 | 合計 |
|---|---|---|
| コースのデザイナーとデベロッパーの完全な間接費 | 10.3 週間　＠＄85／時間 | ＄35,020 |
| プロジェクト・マネジャーの完全な間接費。プロジェクト全体の15％の時間 | 1.5 週間　＠＄100／時間 | ＄6,000 |
| プロダクション担当者の完全な間接費。プロジェクト全体の15％の時間 | 1.5 週間　＠＄100／時間 | ＄6,000 |
| ユーザビリティ・テスト[※3]の実施など、特別なサービスにかかる費用 | 概算 | ＄10,000 |
| 機材の費用。たとえば、このプロジェクトのために特別なコンピュータを購入またはリースする費用 | このプロジェクトでは該当なし | 0 |
| ソフトウェアの費用。たとえば、このプロジェクトのためにオーサリング・システムやグラフィック・ソフトウェアを購入またはリースする費用 | このプロジェクトでは該当なし | 0 |

第2章　トレーニング・プロジェクトの企画の基本

**図表2－7　予算の算出例（続き）**

| 予算項目 | 時間と料金 | 合計 |
|---|---|---|
| トレーニングへの参加費用 | 1週間のクラスへの出張 | $3,800<br>（$2,000の受講料と<br>$1,800の出張旅費） |
| レビュー用の原稿のコピーと配布の費用 | 電子で行う予定 | 0 |
| 製作コスト。たとえば、特別な印刷の版などを準備する費用 | 受講者用の教材の特別な表紙 | $1,000 |
| プリンターで出力可能な最終的な成果物の複製費用 | 100ページ $0.07／ページ、<br>$2／カバーや製本、450部 | $4,050 |
| 合計 |  | $65,870 |

### 考えるヒント

予算を作成する際は、予算作成過程やスポンサーの予算承認後に問題が起こることにも備えておきましょう。以下のような問題が起こる可能性があります。

- 予想外の費用：このカテゴリーには、たとえば、社内のイラストレーターではない人のイラストやグラフィックの使用料が含まれます。多くのコース・デザイナーやデベロッパーが、これらを予算に計上し忘れてしまうことがあります。
- 少なく見積もった費用：たとえば、こんな例があります。予算を見積もるときには、受講者用の教材は450部でたりると思っていたのですが、実際には925部必要でした。追加のコピーの費用は予期していなかったものです。
- スコープ・クリープ：スコープ・クリープは、予算やスケジュールを見積もった後に、プロジェクトのスコープが広がるという状況を指します。追加のスコープが徐々に広がっていく（多くの場合、1回に少しずつ増えていく）様子から、スコープ・クリープと呼ばれます。スコープ・クリープはプロジェクトで実際に求められている仕事のスコープを十分に理解していないことや思い込みの結果として起こります。

これらの問題に対応するための実証された方法は以下になります。
- 誤差を含める：誤差とは、予想外の問題が起きたときに追加の資金を確保するために、あらかじめプロジェクトに一定割合の予備の予算を組み込むことです。これは、コンティンジェンシー（contingency：不確実性）とも呼ばれています。異なる組織には異なるレベルのコンティンジェンシーがあります。

- トラッキングする：どの程度スケジュールや予算の見積もりに沿って進んでいるのか、丁寧にトラッキングをする方法です。問題が起こったときには、早めに追加のリソースの投入をスポンサーと交渉したり、スコープ・クリープが起きた場合に、元のスコープに戻したりすることができます。

### 実践に向けて

このセクションには、トレーニング・プロジェクトの企画をするときに使用できる3つのワークシート（演習2－1、演習2－2、演習2－3）があります。

第2章　トレーニング・プロジェクトの企画の基本

## 演習2-1　トレーニング・プロジェクトの要員を考える

皆さんの組織の内外で、このトレーニング・プロジェクトで働いてくれる候補者を明らかにしましょう

スポンサー組織の中での役割
- 支払いクライアント（エグゼクティブ・スポンサーもしくはベネファクターとも呼ばれます）
- SME：＿＿＿＿＿＿＿＿＿＿＿＿＿＿＿＿＿＿＿＿＿＿＿＿＿＿＿＿＿＿＿
- 法務のスタッフ：＿＿＿＿＿＿＿＿＿＿＿＿＿＿＿＿＿＿＿＿＿＿＿＿＿
- 学習者：＿＿＿＿＿＿＿＿＿＿＿＿＿＿＿＿＿＿＿＿＿＿＿＿＿＿＿＿

トレーニング組織の中の役割
- マネジャー：＿＿＿＿＿＿＿＿＿＿＿＿＿＿＿＿＿＿＿＿＿＿＿＿＿＿＿
- カリキュラム・プランナー：＿＿＿＿＿＿＿＿＿＿＿＿＿＿＿＿＿＿＿
- コース・デザイナー、デベロッパー：　＿＿＿＿＿＿＿＿＿＿＿＿＿＿
- グラフィック・デザイナー：＿＿＿＿＿＿＿＿＿＿＿＿＿＿＿＿＿＿＿
- イラストレーター：＿＿＿＿＿＿＿＿＿＿＿＿＿＿＿＿＿＿＿＿＿＿
- プロダクション担当者：＿＿＿＿＿＿＿＿＿＿＿＿＿＿＿＿＿＿＿＿
- トレーニング・アドミニストレーター：＿＿＿＿＿＿＿＿＿＿＿＿＿＿

考慮点
- 各人が1つの役割を果たしますか？　それとも1人で複数の役割を果たしますか？
- 必要なときにスタッフのスケジュールは空いていますか？
- 今回のプロジェクト以外に、スタッフが割り当てられているプロジェクトはありますか？
- 候補者のスキルや能力は、それぞれの役割で実際に必要とされているスキルや能力をどれくらい満たしていますか？

## 演習2-2　トレーニング・プロジェクトのスケジュールを組み立てる

プロジェクトの期限（皆さんが設定したもの、スポンサーが設定したもののいずれであっても）と以下のガイドラインに沿って、マイルストーンの日程を設定しましょう。

| マイルストーン | プロジェクト全体に対する割合 | 日程 |
| --- | --- | --- |
| ニーズ分析：以下の活動それぞれを個別のマイルストーンとして設定することはないが、計画を立てるときにはそれぞれの活動に必要な時間を考慮に入れる必要がある。<br>●リサーチ<br>●インタビュー<br>●ニーズ分析の報告<br>●報告に対する承認を得る<br>●学習目標を書く<br>●エバリュエーションのプランの準備<br>●学習目標やエバリュエーションのプランに対するインフォーマルな承認を得る | 10〜15% | |
| デザイン：以下の活動のそれぞれを個別のマイルストーンとして設定することはあるが、計画を立てるときには、それぞれの活動に必要な時間を考慮に入れる必要がある。<br>●形式や媒体を選択する<br>●コンテンツの構造を設計する<br>●デザイン計画を準備する<br>●スポンサーや受講者の候補と、デザイン計画をレビューし、修正する<br>●製作のガイドラインを準備する（編集、技術、製作、使い勝手に関するガイドライン）<br>●プロジェクトの企画に対する最終的な承認を得る | 15〜20% | |
| 原案づくり | 25% | |
| SMEや同じ組織の同僚による最初の原案のレビュー | 「原案づくり」の時間に含まれる。 | |
| 第2案の作成 | 15% | |
| 第2案のレビュー | 「第2案の作成」の時間に含まれる。 | |
| 第3案の作成（任意） | 10% | |

## 演習2−2　トレーニング・プロジェクトのスケジュールを組み立てる（続き）

| マイルストーン | プロジェクト全体に対する割合 | 日程 |
| --- | --- | --- |
| 第3案のレビュー（任意） | 「第3案の作成」の時間に含まれる。 | |
| 最終案の作成 | 5％ | |
| 製作：スケジュールの中で個別に時間を設定しないが、次のことを行う時間を十分に残しておく。<br>●複製や編集を行う<br>●印刷用の教材を準備する<br>●印刷する | 10％ | |
| 教材の発送や配布 | 発行、公開の仕方によっては、追加で1〜4週間とっておく。 | |

## 演習2−3　トレーニング・プロジェクトの予算を算出する

このワークシートを完成させるにあたって、予想外の費用や少なく見積もった費用などの問題やスコープ・クリープについても考慮に入れる必要があります。スコープ・クリープは、実際に求められている仕事のスコープを十分に理解していないこと、思い込み、不完全な情報によって起こります。このような落とし穴に対応するためには、誤差、トラッキング、マイルストーンや期日の早めの通知などといったソリューションがあることを覚えておきましょう。

必要があれば、図表２−７を参考にして以下を埋めてみましょう。

| 予算項目 | 時間と料金 | 合計 |
|---|---|---|
| コースのデザイナーとデベロッパーの完全な間接費 | | |
| プロジェクト・マネジャーの完全な間接費。プロジェクト全体の15%の時間 | | |
| プロダクション担当者の完全な間接費。プロジェクト全体の15%の時間 | | |
| ユーザビリティ・テストの実施など、特別なサービスにかかる費用 | | |
| 機材の費用。たとえば、このプロジェクトのために特別なコンピュータを購入またはリースする費用 | | |
| ソフトウェアの費用。たとえば、このプロジェクトのためにオーサリング・システムやグラフィック・ソフトウェアを購入またはリースする費用 | | |
| トレーニングへの参加費用 | | |
| レビュー用の原稿のコピーと配布の費用 | | |
| 製作コスト。たとえば、特別な印刷の版などを準備する費用 | | |
| プリンターで出力可能な最終的な成果物の複製費用 | | |
| **合計** | | |

この章では、トレーニング・プロジェクトの予算やスケジュールの計画づくりについて深めてきました。次の章では、プロジェクトの業務の始め方についてご紹介します。プロジェクトの初めに検討しなければならない6つの基本的な事柄とその情報を集める方法について解説します。

---

1. プログラムの中に使われている内容や表現が、第三者の著作権や知的財産であると、後でトラブルになるので十分な注意が必要である。
2. デスクトップ・パブリッシング（Desktop Publishing／DTP）：コンピュータを使って、出版物の製作（編集、レイアウト、デザインなど）を行うこと。専用のハードウェアやソフトウェアを使って行う。
3. ユーザビリティ・テスト（usability test）：実際の利用者にウェブサイトや教材を使ってもらい、その有用性や使いやすさを確認するためのテスト。

# 第3章

# トレーニング・プロジェクトの開始に必要な基本的情報

> **この章の内容**
>
> この章では、トレーニング・プロジェクトを始めるにあたって必要となる、以下の基本的な情報について紹介します。
>
> ▶ トレーニング・プロジェクトに着手する際に、情報収集の必要がある6つの基本的な項目
> ▶ 情報を入手するための効果的な方法
>
> 加えて、章末にあるワークシートが情報収集のプロセスを構築する助けになるかもしれません。

## ニーズ分析の6つの基本的なステップ

　新人のコース・デザイナーやデベロッパーは、初めてプロジェクトに着手するときに、すぐにスライド、小テスト、受講者向けのワークブック、その他の教材開発に取りかかろうとすることがよくあります。何しろ、スポンサーから、対象者やコースで扱うべき教材内容、プロジェクトを完了する日付などの詳細な情報が提供されますから、トレーニング・コースの開発を開始できると思ってしまうのも無理ありません。

　しかし、スポンサーがプロジェクトに関わる情報を提供したとしても、皆

さんの目的を達成するには十分な情報ではないかもしれません。あるいは、その情報は間違っているかもしれません。また、学習者やコンテンツに対して理解が十分でない状態で、提供された情報かもしれません。

　次の例について考えてみましょう。あるコース・デザイナーが、新しいソフトウェアのトレーニングを準備するように依頼されました。このプロジェクトにアサインされたとき、SMEは、そのソフトウェアの提供先の3分の2は病院のスタッフであり、残りの3分の1は大学であると説明しました。コース・デザイナーがマーケティングの部署に確認すると、実際には大学が60％を占めており、残りの40％は製造業でした。彼女が情報を検証しなければ、間違った対象者に合わせてコースをつくっていたでしょう。

　このコースと同じような状況を避けるために、トレーニング・プロジェクトを始めるときには、まず提供された情報が正しいことを確認し、その後、不足している情報で、有益なものを得るようにしましょう。具体的には、以下の事柄について知る必要があります。

**基本原則8**

トレーニング・プロジェクトは必ずニーズ分析から始めましょう。スポンサーが、自らが提供した情報は完全であると信じていたとしても、トレーニング以外の目的でそれらの情報を集めた可能性もあるので、正しいかどうかを確認しましょう。また、スポンサーが必要としていなかった情報であっても、皆さんは追加情報として集める必要が生じるかもしれません。

▶ 依頼内容：依頼を繰り返して述べ、明確化する
▶ ビジネスニーズ：依頼の根底にあるビジネスニーズを明らかにする
▶ パフォーマンス：実現したいパフォーマンスを明らかにする
▶ タスク[※1]：実現したいパフォーマンスを達成するためのタスクを明らかにする
▶ 学習者：学習者を明らかにし、学習者への影響を記述する
▶ 制約条件：プロジェクトの制約を明らかにする

　これらの情報を収集するプロセスのことを「ニーズ分析」といいます。この章は、ニーズ分析のために集める必要のある情報に焦点を絞っています。

また、プロジェクトを始める前に、プロジェクトで達成すべき学習目標を明確にし、学習者がその目標を達成したかどうかを評価するためのテストを開発する必要があります。コースをデザインし開発する前に、テストをつくってしまうのです。学習目標やテストについては次の章で探っていきます。

## 項目1：依頼を繰り返して述べ、明確化する

コース開発の依頼の根底にあるニーズを分析するための第一歩は、依頼を繰り返して述べることです。

トレーニングの依頼について、同じ言葉を使って繰り返す場合は次のような形になります。スポンサーが「2つのパートに分かれたセールス・トレーニングのコース。片方のパートは製品に焦点を当てたもの、もう一方はリレーションシップ・マーケティング[※2]のテクニックに焦点を当てたものの開発」を依頼した場合、まずは依頼の前提を一言一句繰り返して述べます。その上で、依頼についてより詳しく話し合うことができます。

> **基本原則9**
> トレーニングの依頼を繰り返して述べる際は、スポンサーが使った言葉とまったく同じ言葉を使いましょう。

プロジェクトの初めに、スポンサーが使った言葉と同じ言葉で述べることで、スポンサーの依頼を注意深く聞き、意味をよく理解したことを伝えることができます。そのような聞き方をすることによって得られる信頼は、他の方法では得にくいものです。しかし、スポンサーの言葉を復唱するからといって、最終的なプロジェクトがその依頼に沿ったものでなければならないということではありません。たとえば、スポンサーが1週間のクラスルームのコースをデザインし、開発するように依頼したとします。皆さんは予習用のワークブックを作成し、2日間のクラスルームのコースを行うことでスポンサーのニーズが十分に満たされると考えているとします。スポンサーは、皆さんが最初の依頼を理解していると思えば、皆さんの提案に対して、譲歩することができます。

加えて、依頼を繰り返し述べながら明確化することで、自分が完全に理解しているかどうかを確認しましょう。そして、この時点での具体的な依頼や

対象とされている学習者についての疑問をすべて解消します。具体的な依頼や学習者については、この後、他の分野について調べる中で理解を深めることができますが、この時点で疑問を解消することで、後に調べる際にも適切な内容について質問できるようになります。

依頼内容を繰り返すときは、コースのデザインに影響を与えるような、重要な情報を含めるようにしましょう。たとえば、次のような形になります。(ここで挙げた事例は、本章と次章でも取り上げていきます)

- ▶ マーケティング・セールス部門のバイス・プレジデント（vice president：部門長）が、クラスルームでの1週間のセールスの研修と、受講の条件となる事前教材や受講後に学習するコンテンツの入った、一連のワークブックの作成を依頼した。セールスの研修は、新しいマーケティング担当者が必ず受講するように求められている。内容については、リレーションシップ・マーケティング、マーケティングの方針、発注の手順を扱い、現在の製品ラインに関する概要も示すことが条件である
- ▶ 社内のアプリケーション・ソフトウェアを担当しているマネジャーが、新しい会計管理ソフトを使うエンドユーザー向けの半日のトレーニングを依頼した。5月2日にコースを開始する必要がある。5月2日というのは、新しいソフトの稼働を開始する3週間前である
- ▶ チーフ・セキュリティー・オフィサーが、新しいセキュリティー・ポリシーに関して、マネジャーを対象とした2時間のクラスルームのトレーニング・コースを依頼した。新しいセキュリティーの手続きが8週間後に開始されるので、そのときにコースの提供を開始する必要がある

## 項目2：依頼の根底にあるビジネス・ニーズを明らかにする

デイナ・ロビンソンとジェームズ・ロビンソン（1989年）は、トレーニングやHPIの専門家に対し、取り組みがビジネス・ニーズと直接結びついていれば、マネジャーやエグゼクティブからその取り組みが重視され、変化をもたらす可能性が高まると助言しています。

具体的にいうと、トレーニング・プログラムがインパクトをもたらす可能

性が最も高いのは、そのプログラムが組織の直面している収益や経費の問題に対処する場合です。また、コースで提供される情報を活用することが、従業員の効果性を測定する指標と結びついている場合です。

**基本原則 10**

すべてのコースで、どのようなコンテンツを含めるかを決める前に、最初にビジネス・ゴールを特定しましょう。

このようなビジネス・ニーズとの関連づけを行うのに適したタイミングは、トレーニング・プログラムを開発する取り組みの最初です。つまり、コンテンツの検討もしていない段階です。この時点で、取り組みが図表3-1で示しているビジネス・ゴールの3つの分類のいずれか1つのみと結びついていなければなりません。

**図表3-1　ビジネス・ゴールの3つのタイプ**

| ビジネス・ゴール | ビジネス・ゴールに関連するトレーニング・プロジェクト |
|---|---|
| 収益を生む | 組織の収益を生む取り組みと関連しているトレーニング・プログラムがある。たとえば、セールス担当者は特定の製品を販売することができるように、製品トレーニングのコースを受講する。 |
| 経費を抑える | 従業員の生産性向上、ミスの低減、自己解決能力の向上（それによって経費のかかる人的な支援を減らすことができる）などを意図しているトレーニング・プログラムがある。たとえば、ユーザー向けのソフトウェアのトレーニングは、電話相談など経費のかかるサポート・サービスに対するユーザーの依存度を下げることを目的としている。製造のリフレッシャー・コース（refresher course：再教育コース）は、製造プロセスにおけるミスを減らすことを目的としている。 |
| 規制に従う | 政府の規制、業界のガイドライン、会社の規定によって必須となっているトレーニング・プログラムがある。たとえば、多くの政府によって要求されているコースとしては、「ライト・トゥ・ノウ（Right to Know：知る権利）」というのがあり、これは、職場で使われている危険な薬品について労働者に情報提供し、扱い方を伝えるためのコースである。このようなコンプライアンスに関わるトレーニングを提供しない組織は、厳しい罰金や行政の監督機関によって閉鎖に追い込まれるリスクがある。 |

トレーニング・プロジェクトで取り組むビジネス・ゴールは、図表3-1の分類のうち、必ず1つのタイプのみを選択するようにしましょう。多くのス

ポンサーは、1つのトレーニング・プログラムでいくつかのビジネス・ニーズに対処したいと思うでしょう。多くのことをしようとし過ぎているときにありがちなことですが、2つのことに注力しようとすると、結局どちらのニーズにもうまく対応できないリスクが高まります。

また、ゴールを明らかにする際には、なるべくビジネス成果を具体的に述べるようにしましょう。たとえば、セールスの取り組みを支援するコースの開発を依頼されている場合は、ビジネス・ゴールは「販売予測に沿ったビジネス成果」かもしれません。同じように、労働安全衛生規制に従うためのコースを開発するように依頼されている場合は、ゴールが「100％規制に従うこと」かもしれません。ビジネス成果が具体的であればあるほど、スポンサーはコースが完成することによって得られる利益を見出しやすくなります。

**補足説明**

ビジネス・ゴールと投資対効果の話は混同しないほうがよいでしょう。投資対効果の検討は、コースを生み出すことに対して経済的な正当化をするためのものです。ビジネス・ゴールはその一部にすぎません。

ビジネス・ゴールのタイプは、そのトレーニング・プログラムに使える相対的な予算を示していることが多いでしょう。一般的には、収益を生むことを目的としたトレーニング・プログラムは、予算の割り当てが大きくなります。経費を抑えるためのプログラムは中規模の予算、規制に従うためのプログラムは限られた予算です。

たとえば、この章で前述した3つの事例のビジネス・ゴールは、それぞれ以下になります。

▶ **収益を生むビジネス・ゴール**

セールスの研修を修了すると、新しいマーケティングの担当者の90％は初年度の収益目標を達成することができる。

▶ **経費を抑えるビジネス・ゴール**

新しい会計管理ソフトのトレーニング・コースを修了すると、会計部門の従業員の85％が6月1日までに新しいソフトに移行することができ、それによってアプリケーションのサポート費用が10％低減する。

▶ **コンプライアンスを強化するビジネス・ゴール**
新しいセキュリティー・ポリシーに関するトレーニング・コースを修了すると、新しいセキュリティーの手続きが開始されたときには100％そのセキュリティー・ポリシーに従っている。

## 項目3：実現したいパフォーマンスを明らかにする

　現状のパフォーマンスと望ましいパフォーマンスの間にある差を「パフォーマンス・ギャップ」といいます。効果的なトレーニングはそのパフォーマンス・ギャップを埋めます。最終的に、効果的なトレーニング・プログラムというのは、学習者の仕事の仕方に影響を与えることで、ギャップを埋めるものでなければなりません。トレーニング・プログラムを確実に実現したいパフォーマンスにつなげていくためには、望ましいパフォーマンスがどのような状態なのかについて、最終結果のイメージを得る必要があります。

　望ましいパフォーマンスがどのような状態なのかを確定する際は、トレーニング・プログラムを無事に終えた場合に、どのようなパフォーマンス指標が高まってほしいのかをスポンサーにイメージしてもらいましょう。前述の事例のパフォーマンス指標は次のようになります。

▶ **新しいセールスの研修**
製品ライン全体に関する知識を活用しながら、マーケティング担当者がリレーションシップ・マーケティングの方法を使って担当顧客に関連する製品を販売し、1年以内に50％の顧客で追加受注を生み出す。それに加え、マーケティング担当者が発注書類のすべての項目を正確に記入することで、顧客が販売業者の約束した期日までに製品を確実に受け取ることができる。

▶ **新しい会計管理ソフト**
ユーザーが6月1日までに会計情報を新しいシステムに移し替え、6月15日までにそのシステムを自分で使えるようになる（具体的には、1カ月に支援を要請する回数が0.5回以内に収まる）。

▶ 新しいセキュリティー・ポリシー

機密資料の漏洩がない。具体的には、オンラインのものも印刷されたものも、すべての機密資料には確実にラベルがつけられる。そしてセキュリティーエリア内であっても、すべての機密資料が鍵のかかった机やキャビネットで保管されている。公共の場では機密資料の内容について話さない。社内のコンピュータで機密資料にアクセスするためには、パスワードを入力しなければならない。

最終的な結果である実現したいパフォーマンスを基点とすることで、常にそのゴールを見据えてトレーニング・プログラムをデザインし、開発することができ、関係のない教材を入れてしまうのを避けられます。

また、トレーニング・プログラムが学習者に新しいテーマを提供するものというよりは、現状のパフォーマンスをさらに強化するものであれば、現状のパフォーマンスを明確にしてもよいでしょう。つまり、学習対象となる可能性のある人が現状どのようなパフォーマンスを達成し、それをどのように達成しているかのプロセスを記述すればよいのです。

たとえば、事例として取り上げている3つのコースに関わる現状のパフォーマンスを検討してみましょう。

**基本原則 11**

何を教えるのかを決める前に、実現したいパフォーマンスとはどのような状態なのかを明らかにしましょう。

▶ 新しいセールスの研修

セールスの研修が新しくつくられようとしているが、現状でも会社は新しいマーケティング担当者を雇っている。その人たちは、時間に追われているマネジャーから限られたコーチングを受けただけで仕事を開始している。マーケティング担当者のうち50％しか売上目標を達成しておらず、リピート客が10％しかいない。マーケティング担当者の50％は2年以内に会社を辞めてしまうため、会社は顧客の主要な窓口となる人を頻繁に入れ替えることになる。その結果、顧客は自分たちとの仕事が大事にされていないように感じてしまい、リピート客が少なくなってしまう。

▶ **新しい会計管理ソフト**

新しい会計管理ソフトはパソコンやマックのようにグラフィックなインターフェースになっているが、30年使っている会計管理ソフトは文字が中心のインターフェースである。また、現在のシステムは会計取引の入力をするためには多数のコードを覚えなければならない。ほとんどのユーザーはコードを覚えておくために、コンピュータのスクリーンの周縁全体に付箋を貼っている。それでも、会計管理の担当が誤ったコードを使ってしまい、12％の取引の入力に誤りがある。

▶ **新しいセキュリティー・ポリシー**

最近の3つの製品のうち2つの製品の計画に関する情報が業界紙に漏れている。業界紙は情報提供者について名前を伏せているが、クライアント企業の独自の調査により、一般にも公開されている会社のイントラネットに機密情報が掲示されたことが原因であることがわかった。すると、記者は開発研究所の近くのカフェに行き、製品開発者たちの仕事に関する会話を盗み聞きする。その会話から業界紙の記者は記事を掲載するのに十分な情報を集めることができる。

> **考えるヒント**
>
> 実現したいパフォーマンスを明らかにしながら、人々の働く環境についても記述したほうがよいでしょう。学習対象者が望ましいやり方でパフォーマンスを上げていない理由を理解しようとしているときに、働く環境についての情報が大いに関係してくることが明らかになります。学習者によって、タスクを異なる方法で行っている場合は、いくつかの「受講前」の写真を撮っておくとよいでしょう。これらのスナップ写真では、どのような環境でタスクを行っているのかということと、タスクの実行のモチベーションとなっていることについても少しだけ記述しておくとよいかもしれません。

**項目4：**
**実現したいパフォーマンスを達成するためのタスクを明らかにする**

ここでの調査によって、望ましいパフォーマンスを達成するために、学習者が実行しなければならない具体的なプロセスを明確にします。

SME、特にエキスパート・パフォーマー（expert performer：熟達したパフォーマー）は、学習者が行わなければならないタスクを明らかにする際に助けてくれるでしょう。タスクとは、パフォーマンスを達成するための業務のことで、主に次の３つのいずれかに分類されます。

- 精神運動的タスク（サイコモーター・タスク）は、手を使って、または身体的な動きによって行うタスクです
- 認知的タスク（コグニティブ・タスク）は、知的活動によって行われるタスクです。たとえば、顧客のニーズに合わせた適切なコンピュータのモデルを選択したり、症状に対して診断を行うといったものが該当します。
- 情意的タスク（アフェクティブ・タスク）もしくは、態度的タスク（アチチューディナル・タスク）は、学習者の態度や姿勢と関連するタスクです。情意的タスクは通常の場合、精神運動的タスク、もしくは認知的タスクに置き換えて定義します。

> **基本原則12**
> 実現したいパフォーマンスを達成するために、行わなければならないタスクを明確にしましょう。それによって、トレーニング・プログラムの中でそれらのタスクに対応することができます。

　プロセスについての詳細な分析では、望ましいプロセスにおけるタスクを明確にするため、「タスク分析」と呼ばれています。具体的には、最高のパフォーマンスを達成するために習得しなければならないタスクおよび「エントリー・タスク」と呼ばれる学習者がすでに習得していると推定されるタスクが、タスク分析によって明らかになります。完全なタスク分析は通常の場合、極めて詳細なもので、文字通り大きなタスクを多数のサブタスクに分解していきます。それぞれのタスクは動作動詞で表現します。動作動詞を使うことによって、第三者が見て観察できるタスクを記述できます。たとえば、「表現する」というのは動作動詞です。

　タスクは階層で表現されます。階層の最上位には、「メイン・タスク」と呼ばれる最も重要なタスクが配置されます。典型的なコースでは、5～9つのメイン・タスクを扱います。それより少なくてもよいですが、それよりも

第3章　トレーニング・プロジェクトの開始に必要な基本的情報

多い場合は、学習者にとって教材の量が多すぎます。9つを超えた数のメイン・タスクがある場合は、いくつかのメイン・タスクを結合できないか考えてみましょう。

多くの場合、1つのメイン・タスクを行うには、「サポーティング・タスク」と呼ばれるいくつかの関連するタスクを習得する必要があります。メイン・タスク1つに対し、3～9つのサポーティング・タスクが必要となります。さらに、それらのサポーティング・タスクにもいくつかのサポーティング・タスクがある場合もあります。

**考えるヒント**

タスクを記述するときは、抽象的な動詞は避けるようにしましょう。抽象的な動詞というのは、第三者から観察できないものです。その中には、学習業界との関連が深い2つの用語も含まれています。「知る」と「理解する」です。これを動作動詞で置き換えるとどうなるでしょうか。たとえば、学習者が理解すると何ができるようになりますか？　説明ができる？　表現する？　定義する？

タスク分析の最終的な成果物は、分類のツリーのような形のものです。メイン・タスクをサポーティング・タスクに分解し、サポーティング・タスクをさらに下位のサポーティング・タスクに分解し、タスクをそれ以上分割できないというところまで分解していったものです。

図表3－2は、1つのメイン・タスクに関する階層図の見本を示しています。この図では、メイン・タスクを習得するには3つのサポーティング・タスクを習得する必要があります。また、学習者は、このトレーニング・プログラムを受ける前に、すでに1つのエントリー・タスクは習得しているはずです。

タスク分析を行うには多くの難題があります。1つの難題は、SMEやエキスパート・パフォーマー（以降エキスパート）から情報を引き出すことです。タスクによっては、彼らがあまりにも日常的に頻繁に行っているため、習性となっているものもあります。その場合、エキスパートがどのようにタスクを行っているのかを完全に詳細まで説明するのが難しくなったりします。また、エキスパートは、自分の競争優位性を失うことを恐れて、自分の専門知識を共有することを渋ることがあります。その他にも、エキスパートがタスクについて同意せず、その食い違いを解消する必要が出てくる場合もあります。そのため、多くのコース・デザイナーやデベロッパーは、エキスパート

**図表3-2　タスクの階層図**

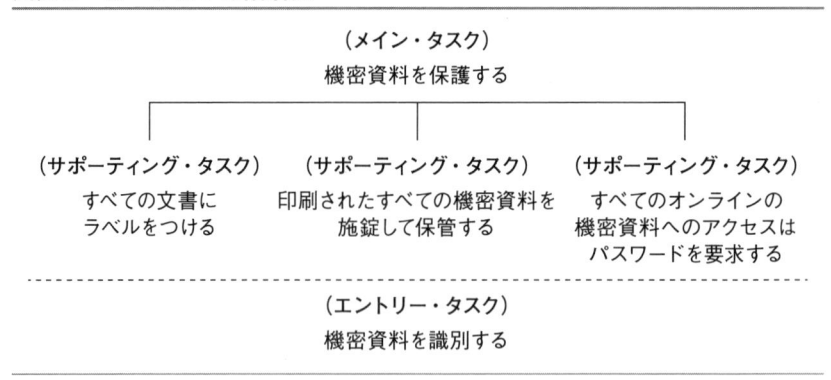

```
                    （メイン・タスク）
                    機密資料を保護する
    ┌───────────────────┼───────────────────┐
（サポーティング・タスク）（サポーティング・タスク）（サポーティング・タスク）
  すべての文書に      印刷されたすべての機密資料を  すべてのオンラインの
   ラベルをつける       施錠して保管する         機密資料へのアクセスは
                                          パスワードを要求する
- - - - - - - - - - - - - - - - - - - - - - - - - - - - - - - - - - - -
                    （エントリー・タスク）
                     機密資料を識別する
```

と一緒にタスク分析を複数回行い、タスクの一覧が完全であることを確認します。エキスパートが一覧に項目を入れ忘れてしまうこともあるのです。

## 項目5：学習者を明らかにし、学習者への影響を記述する

　パフォーマンス・ギャップを埋めるためにトレーニングをデザインするには、学習者についてさまざまな情報を集める必要があります。たとえば、次のようなものが含まれます。

▶ **属性データ**
　この情報には、肩書き、経験年数、想定される知識量、性別（必要に応じて）、語学スキル（必要に応じて）、所属している文化（適切な場合）、その他の類似した情報が含まれます。

▶ **すでにもっている知識**
　コースや関連教材で扱っている題材の中に、学習者がすでに何らかの経験をもっているものがあれば、それを記述します。第1章でも述べた通り、成人の学習経験においては、既知のコンテンツと新しいコンテンツを結びつけるのが効果的です。そのため、早めにつながりを確立できるようにすると、より効果的な学習経験をデザインすることができます。

加えて、新しい教材を習得するには、従来のタスクのやり方を手放すことが必要かもしれません。コースの中でこのようなニーズに対応し、手放すことに関連して出てくる反応にも対処する必要があります。

▶ **学習者に影響を与えているもの**

たとえば、直近に行われた組織変更など、ビジネスからの影響もあるかもしれません。また、文化的な影響もあります。たとえば、2社が合併すると、それぞれの文化によってラーニング・プログラムの受け入れ方が異なる場合などです。プログラムを成功させるためには、デザインするときにこれらの影響に対応する必要があります。

トレーニング・プログラムによっては、主要な学習対象者のグループが1つの場合もあります。一方で、そのグループが複数の場合もあります。いくつかの主要な学習対象者のグループがある場合は、それぞれのグループについて個別に記述します。つまり、それぞれのグループについて個別の属性情報と特性情報を記述します。これを個別に記述しておくことで、後に、あるグループに対するコンテンツが他のグループにも適切なのか、あるいは調整が必要なのかを確認することができます。それぞれの学習者のグループに対して、トレーニング・プログラムの一部を別々に開発する必要もあるかもしれません。

**基本原則 13**

学習者について「知る」ために、十分な情報を集めましょう。学習者が誰なのか、どのような経験をしてきたのか、モチベーションは何かについて理解を深めれば深めるほど、彼らのニーズに沿ってうまくコンテンツを調整することができるようになります。

図表3-3では、この章の中で先に述べた3つのコース例での、学習者についての記述例を示しています。

**図表3－3　3つのラーニング・プロジェクトの事例における学習者の記述**

| ラーニング・プロジェクトの種類 | 対象としている学習者 |
|---|---|
| 新しいマーケティングの担当者向けの新しいセールスの研修 | 50％は大学を出てそのまま採用された新卒採用であり、大半はビジネスに関する学士をもち、次に多いのは心理学や歴史などの人文系や社会学系の学士をもっている人。学習者は企業間取引（B to B）の製品を販売した経験はまったくない。大学のインターンシップやサマー・ジョブ[※3]など、業務経験も限られている。<br>35％は社内の他の部署から異動してきた。これらの従業員は全員学士号以上（分野はさまざま）をもっており、15％は修士号（分野は業務と関連がない）をもっている。この人たちはこれまでの仕事を通じて、会社の製品についての広範囲な経験をもっている。大半はカスタマー・サポート（顧客サポート）での業務経験があり、次に多いのは製品開発、その次に多いのはオペレーションでの業務経験がある。しかし、ほとんどの人がセールスの経験はまったくなく、大多数の人が販売のノルマを達成できるかという不安を口にしている。<br>15％はプロとしての経験があり、プロとして採用された人。このうちの50％の人は、セールスの経験をもち、残りの50％の人は製品開発やマーケティング・プログラムに関わる仕事をしたことがある。セールスの経験がある人は、必ずしもリレーションシップ・マーケティングに精通しているわけではない。また、この会社の製品ラインや販売の手順についてもよく知らない。 |
| 会計部門の従業員向けの新しい会計管理ソフト | 全員が文字中心のインターフェースを使った、以前のアプリケーションの活用経験をもっている。彼らのこの会社での平均勤続年数は15年。そのうち、会計部門での在職年数は平均8年である。すべての従業員がハイスクール卒業以上の教育を受けており、多くはハイスクール卒業後2年以上の教育を受け、準学士号をもっている。それに加え、従業員のうちの3分の2は自宅にコンピュータがあり、平均で週2日使っていると言っている。また、彼らは変化に対してあまり柔軟ではない。あるマネジメント・トレーニングのときに受けた性格検査によると、会計部門の従業員の59％は従順型の性格であるという結果だった。この性格の特徴は、明確に定義され、ルールの変更が少ない中でよく働くということである。 |
| 全従業員向けの新しいセキュリティー・ポリシーのトレーニング | 従業員は幅広い学歴やスキルをもっている。高校中退の人もいれば、博士号をもつエンジニアもいる。全員、機密資料を見分けるためのトレーニングを受け、機密資料を識別できることを証明する試験に合格している。すべての従業員がこのトレーニングを受ける予定だが、特に製品開発の従業員に対しては重点を置いて提供する。過去に似たようなポリシーの実行を担当したマネジャーによると、製品開発の従業員は多くの場合、体制や管理に対して応じない傾向があると観察されている。 |

## 項目6：プロジェクトの制約を明らかにする

**成果物に関わる制約**

これは、提供するものや提供の仕方に影響を与える制約です。次のようなものがあります。

▶ **コースの構造**
組織によっては、特定のタイプのコースについて、基準となる構造を確立している場合があります。たとえば、製品トレーニングやマネジメント開発のコースについて基準となる骨子をもっていることがあります。また、特定のスライドを使うように求められる場合もあります。たとえば、タイトルのスライド、アジェンダのスライド、学習者に事務連絡をするスライド、結びのスライドといったようなものです。同様に、受講者向けのワークブックに特定の教材内容を入れるように求められることがあります。たとえば、タイトルのページ、著作権表示、前書き、用語集など。当てはめなければならない指針を確認し、成果物が確実にその指針に沿ったものになるようにするとよいでしょう。

▶ **編集方針**
スタイル・ガイドライン（style guideline：表記の基準）とも呼ばれますが、この制約は、専門用語、句読点、文法の使い方に影響します。多くの大企業や中堅企業は、編集方針に関する確立された基準をもっており、コーポレート・コミュニケーション部門がそれを設定しています。多くの企業では、企業の方針から導き出された、望ましい言葉遣いや基準となる表記などがあったり、企業によってはその企業や組織で標準的に使われている用語や表現がある場合があります。ほとんどの場合、トレーニング・プログラムはこれらのスタイル・ガイドラインに沿っていなければなりません。

▶ デザインの方針

　これらの制約は、スライドやワークブックのデザインに影響します。ほとんどの企業は、出版するものすべての見かけを類似したものにしたいと考え、企業の中の異なるグループによってつくられた資料が似たような見かけになります。具体的には、企業のデザインの方針によって、どのようなときにどのような書体を使うべきか、余白、色の使い方、画像の使い方、箇条書きやその他のスクリーン上の基本的な要素、企業のロゴの使い方などの関連項目について、規定されます。通常は、コーポレート・コミュニケーションの部署がデザインの方針について管理しています。

▶ その他の基準や方針

　トレーニング・プログラムが、組織で行われた他のコースや使われた教材と似たようなものでなければならないという場合もあります。または、あるコースが、他のコースや学習教材を含めた、大きなシリーズの一部ということもあります。コースの見かけを基準に則ってつくらなければならない場合、その事実を開発プロセスの早い段階に確認しておくとよいでしょう。

> **基本原則 14**
>
> パフォーマンス・ギャップ、扱うタスク、学習者の特定に加え、プロジェクトに影響する制約を明らかにしなければなりません。制約には、成果物に関わる制約、ソフトウェアに関わる制約（クラスルームのコースやワークブックを使ったコースでもソフトウェアに関わる制約を明らかにしなければなりません）、ビジネスに関わる制約、組織の文化があります。

**ソフトウェアに関わる制約**

　コースをつくるときに、特定のソフトウェア（オーサリング・ツール）を使わなければならないこともあります。たとえば、組織がすでにそのソフトウェアのライセンス契約をしていたり、スポンサーから使うように依頼されていたりして、使わなければならないことがあります。コースを開発する際には、具体的に、次のようなソフトウェアについて、何を使わなければならないのかを明らかにするとよいでしょう[※4]。

▶ ワード・プロセッサー（たとえば、マイクロソフトのワードなど）
▶ プレゼンテーション・プログラム（たとえば、マイクロソフトのパワーポイントなど）
▶ デスクトップ・パブリッシング（DTP）（たとえば、クォーク・エクスプレスなど）
▶ グラフィックス・プログラム（たとえば、アドビのイラストレーター、フォトショップなど）
▶ その他の特別なソフトウェア（たとえば、コンピュータ画面をキャプチャするためのソフトウェアなど）

**ビジネスに関わる制約**

3つ目に考慮すべき制約として、次のことがあります。

▶ 絶対に守らなければならないプロジェクト完了の締め切り日
▶ 超えてはならない予算の範囲
▶ コースのデザインや開発の取り組みに参加しなければならない従業員

**組織の文化や学習環境の制約**

最後に紹介する制約は、あえてスポンサーへ報告することではありませんが、トレーニング・プログラムのデザイナーとして理解するべきことです。この制約には、組織の文化、スポンサーの過去のプロジェクトのうち、皆さんの仕事に影響を与えるもの、学習を促進もしくは阻害する学習環境といった項目が含まれます。たとえば、次のようなものがあります。

▶ **組織の中のコミュニケーション戦略**
組織の人々のコミュニケーションの仕方は直接的ですか？　その場合、どのような手段を使いますか？　それとも、間接的なコミュニケーションを取りますか？　その場合、どのような方法でコミュニケーションしますか？

▶ **扱う題材に対する態度**
組織は、その題材を容認するでしょうか？ それとも、人々は避けようとするでしょうか？ スポンサーは、全員がそのコンテンツを喜んで受け入れると言うかもしれませんが、正直なところはどうでしょうか？

▶ **過去のプロジェクト**
土壇場で変更をすることが多いといった評判はありませんか？ もしそうである場合、今回も起こり得ると覚悟しておきましょう。

▶ **自主学習コースのための学習環境**
学習はどこで起きるのでしょうか？ その環境は学習の助けとなるでしょうか？ もしそうではない場合、何を変える必要があるでしょうか？ 仕事環境の中で、仕事と学習を結びつける機会があるでしょうか？ マネジャーや仕事仲間は学習を支援するでしょうか？ もし支援する場合はどのように支援するでしょうか？ もし支援しない場合、彼らは何をしているのでしょうか？

　組織の文化や学習環境の特徴を明確にすることで、スポンサーが組織の中でどの程度の影響力をもっているのか、プロジェクトの過程で技術的な情報がどの程度変更される可能性があるのか、組織の中でうまく成功するにはどのような振る舞いをしなければならないのかなどを判断することができます。図表3－4では、会計部門の新しい会計管理ソフトのエンドユーザー向けのコースでの制約について、トレーニング・プログラムのデザイナーが明らかにした事例を示しています。

### 図表３－４　プロジェクトの制約の分析例

| 制約の種類 | 具体的な留意事項 |
|---|---|
| 成果物に関わる制約 | ●コースの構造<br>－「ITコース・テンプレート」を使ってスライドを作成しなければならない。このテンプレートによって、書体、余白、箇条書きの行頭文字の基準が設定されており、タイトル、アジェンダ、学習目標、クラスルームにおける事務連絡、結びのスライド、関連するコース一覧というスライドの構造が指定されている<br>－受講生の教材は、「IT受講生向け教材テンプレート」を使って作成しなければならない。このテンプレートによって、書体、余白、箇条書きの行頭文字、全ページ共通のヘッダーとフッターが規定されており、タイトル、目次、版や著作権表示、受講生のエバリュエーション・シート、関連するコース一覧というページが用意されている<br>●テンプレートはアプリケーション・サポートの担当長からもらうことができる<br>●編集方針<br>－標準IT用語集を使う<br>－社内での利用のために修正を加えた、『ニューヨーク・タイムズ・マニュアル・オブ・スタイル・アンド・ユーセジ（New York Times Manual of Style and Usage）』の基準に則って編集する<br>●デザインの方針は、テンプレートの素材を参照 |
| ソフトウェアに関わる制約 | ●スライド：マイクロソフトのパワーポイント<br>●受講者用の教材：マイクロソフトのワード<br>●グラフィックス：アドビのフォトショップ<br>●ソフトウェアのデモ：アプリケーションを使う<br>●スクリーンをキャプチャするソフト：キャプチャイーズ<br>●受講生の演習のサンプルファイルを提供する必要がある<br><br>IT部門で自動的に行われるバックアップの他、開発途中のファイルは週に１回バックアップを取る必要がある。 |
| ビジネスに関わる制約 | ●絶対に守らなければならない締め切り日：５月２日。これは新しいアプリケーションが稼働し始める３週間前<br>●超えてはならない予算の範囲：明言されていない。ただし、外部のグラフィック・デザイナー、または製作アシスタントといった、外部のサービスを利用できる資金はない<br>●従業員：社内のアプリケーション・ソフトウェアを担当しているマネジャーから教材の承認を得なければならない。原案はそのマネジャーのスタッフであるシニア・アプリケーション・デザイナー、アプリケーション・プログラマー、アプリケーション・サポートの担当長にレビューしてもらう必要がある。彼らがマネジャーに承認するように提言する |

図表3-4　プロジェクトの制約の分析例（続き）

| 制約の種類 | 具体的な留意事項 |
|---|---|
| 組織の文化や過去のプロジェクト | ●この組織では、計画されている納期から実際は遅れるということが、過去に多くみられる。最近5回の新しいアプリケーション導入のうち、IT部門が期日通りに導入できたのは1回のみ。その他は、1週間から最大9週間の遅れがあった<br>●土壇場で多くの変更をすることも、過去にみられるIT部門の傾向である。過去に基づいて考えると、第2案の最低でも50％程度は変更になるということを想定しておく必要がある<br>●IT部門は、プログラムで変更したい点をすべて伝達しきれていないことが過去には多くあった。そのため、第2案をレビューするときには、1つずつ順を追って確認することで、すべての変更点を明確にし、それらが確実に最終案に盛り込まれるようにしたほうがよい |

## ニーズを明らかにするための4つの方法

　ニーズ分析の主要な課題の1つは、少ない時間や支援の中でその情報を明らかにする方法を見つけることです。コースが成功するには、本当は完全な情報が必要なのですが、多くの場合、スポンサーはコストをかけて全面的なニーズ分析を実施することに、腰が引けてしまいます。そのため、どこでその情報を素早く簡単に手に入れられるかを見つけ出す必要があります。

　また、もう1つ念頭に置いておきたいことは、ニーズ分析を行う際は、究極的には「三角形」で情報を得たいということです。どういうことかというと、すべての情報を1つの情報源に頼って得るのではなく、複数の情報源、少なくとも3つの情報源から得るということです。1つの情報源では、完全な情報をもっていない可能性もありますし、最悪の場合は得られた情報が信頼できない可能性もあります。コンテンツを異なる視点から見ることで、現状についてのより実際的な絵を描写することができます。次に、必要な情報を素早く簡単に得るための4つの方法を記述しています。

## 1. 会話する

情報をもっているなるべく数多くの人に対し、正式なインタビューを実施しましょう。一般的には、スポンサー、SME、想定されている学習者といったステークホルダーを含みます。それ以外のステークホルダーも、おそらくは実施する予定になっているトレーニング・プログラムに関心を寄せているでしょう。インタビューの利点は、多くのステークホルダーが喜んで皆さんと会い、限られた時間の中でも幅広い情報を提供してくれるという点です。欠点は、得られた情報がインタビューを受けた人の見方を示しているもので、情報に偏見や先入観がある場合も考えられるという点です。

## 2. フォーカス・グループ

フォーカス・グループは、属性が似ている8人から12人に対し、いっぺんにインタビューを行うという特別なインタビュー方法です。フォーカス・グループは、通常2時間ほどで、3〜5つの質問をします。

一般的に、フォーカス・グループは外部のファシリテーターが進行を担当し、各参加者が必ず発言する機会をもてるようにします。利点は、2人に対して個別にインタビューを行うよりも短時間で多数の人に対してインタビューができ、効率性が高いという点です。欠点は、参加者があまりたくさんの情報交換ができないということや、集団の圧力によって正直に話すことが阻害されることもあるという点です。

## 3. 体験する

何らかの題材について理解を深める方法としては、それを体験するという方法があります。体験するための効果的な方法は、1日の最初から最後まで、誰かの日常の業務に付き添うという方法です。

これは「ア・デイ・イン・ザ・ライフ（A Day in the Life：ある生活の1日）」と呼ばれる方法で、文字通りある従業員の1日に付き添います。コース・デベロッパーは、よく実施予定コースで扱っているタスクのパフォーマンスを

みるために、エキスパートもしくは新人に付き添います。このアプローチの利点は、実地体験できることと、コース・デベロッパーは、コンテンツが実践されている様子を深く理解することができるという点です。欠点は、特に出張なども含めたコストがかかるという点と、その1日は1人の人の体験しか表していないという点です。

ただし、1日は時間が取れなかったとしても、少しでも観察ができたほうがまったくしないよりはよいということを覚えておきましょう。つまり、生活の1日は時間が取れなかったとしても、少なくとも数時間は時間が取れるかもしれません。

### 4. 読む

多くの場合、トレーニング・プロジェクトを開始するのに必要な情報を得るためには、すでに行った調査であれば、それを活用することができます。コンテンツについて、最も価値のある情報源は、現状に関する既存の資料です。レポート、計画、方針、ユーザー向けの手引書、メモ、その他のやりとり、業界誌、他のトレーニング・プログラムなど、コンテンツや学習者について、役に立つ洞察が得られそうなものは何でも読んでみましょう。この方法の利点は、良い情報を発掘できる点です。欠点は、作成者にとって都合の良い情報に偏っている可能性もあるという点です。

### もう1つだけ

この章では、ニーズ分析で情報を集めるべき6つの項目について説明してきました。しかし、この領域の一覧はニーズ分析の開始点を提供しているだけです。同じコースは2つとないため、あらかじめ用意された一連の質問によって、プロジェクトの根底にあるすべてのニーズを明らかにすることはできません。そのため、もし関連のありそうな情報を耳にしたら、それを深掘りしていきましょう。

同様に、ニーズについて深掘りする際は、先入観にとらわれず、柔軟な思考で臨みましょう。もし、ソリューションをすでにデザインした状態でニー

ズ分析を始めたら、ニーズに最も合ったインターベンション[※5]を考え出す上で有効な質問ができなくなってしまいます。同じように、質問への答えに対しても、柔軟に考えるようにしましょう。皆さんの答えを裏付けるためにこのニーズ分析のプロセスを始めるのではなく、学習するために始めましょう。直感がはずれていたことを発見するかもしれません。まだトレーニング・プログラムを開発していないのですから、この時点で戦略を変えるのはやさしいことです。

### 考えるヒント

「SMEの口が堅い」という人がいます。皆さんのトレーニング・プログラムがうまくいくことがSMEにとって明らかに利益があるとしても、SMEがコンテンツを共有したがらないことがあります。それでも情報は必要なので、粘り強く、積極的に対応しましょう。以下に、具体的な抵抗を乗り越える方法について提案します。

1. 「私たちがすでに調査を行ったのだから、あなたが行う必要はない」。皆さん自身が元の調査を見て評価できるように、情報源となっている文書を見せてもらうように依頼しましょう。同じ一般的結論に達する可能性が高いですが、皆さんに提供された要約文書にはない、重要な情報を見つけるかもしれません。
2. 「学習者に会わせる余裕はない」。この抵抗が多いのは、学習者が時給で働く従業員だったり、外部の顧客だったりした場合です。この場合は、学習者と直接関わっている人と話をさせてもらえるように依頼してみましょう。何といっても、実際の学習者に会うことの次に良い手立ては、誰かが直接会って体験したことを聞くことです。
3. 「私たちは、あなたに文書で情報を提供したし、私たちは忙しい。あなたと会う時間はない」。初めてのミーティングを依頼するのではなく、提供された情報を確実に理解するために、提供された資料をレビューするという趣旨でミーティングを依頼しましょう。

### 実践に向けて

トレーニング・プログラムの仕事を開始するにあたって、探求すべき6つの項目のそれぞれについて調査し、必要な情報を得るための適切な方法を選択する必要があります。演習3-1を使って、現在進行中のプロジェクトに関するニーズ分析の結果について記録してみましょう。

## 演習3−1　ニーズ分析：検討すべき6つの項目

| ニーズ分析の項目 | 必要な行動 | 情報源 |
|---|---|---|
| 1. 依頼を繰り返して述べ、明確化する | スポンサーの言葉を使って述べる<br><br>例：マイクロソフトのプロジェクト・ソフトウェアを新しく使うユーザー向けのトレーニングの研修をつくる | スポンサー |
| 2. 依頼の根底にあるビジネス・ニーズを明らかにする | このプロジェクトはスポンサーにとって、次のような利益をもたらす（該当する1つにのみチェックをつける）：<br>☐ 収益を生む<br>☐ 経費を抑える<br>☐ 規制に従う<br><br>このトレーニング・プログラムはスポンサーにとってどのような利益をもたらすのか？（できるだけ具体的、明確に記述する） | インタビュー<br>（個人名を一覧にする）<br><br>資料（資料名を一覧にする）<br><br>その他（一覧にする） |
| 3. 実現したいパフォーマンスを明らかにする | <br>すでに実現できているパフォーマンスについてもコースが扱っている場合、その内容を書く： | インタビュー<br>（個人名を一覧にする）<br><br>フォーカス・グループ<br>（参加者を一覧にする） |
| 4. 実現したいパフォーマンスを達成するためのタスクを明らかにする | メイン・タスク1：＿＿＿＿＿＿<br>サポーティング・タスク：<br><br>メイン・タスク2：＿＿＿＿＿＿<br>サポーティング・タスク： | インタビュー<br>（個人名を一覧にする）<br><br>フォーカス・グループ<br>（参加者を一覧にする）<br><br>ア・デイ・イン・ザ・ライフ<br><br>資料（資料名を一覧にする） |

## 演習3-1　ニーズ分析：検討すべき6つの項目（続き）

| ニーズ分析の項目 | 必要な行動 | 情報源 |
| --- | --- | --- |
| 5. 学習者を明らかにし、学習者への影響を記述する（主な学習対象者のグループそれぞれについて、情報を集める） | 属性データ：<br><br>すでにもっている知識：<br><br>学習者に影響を与えているもの： | インタビュー<br>（個人名を一覧にする）<br><br>フォーカス・グループ<br>（参加者を一覧にする）<br><br>ア・デイ・イン・ザ・ライフ<br><br>資料（資料名を一覧にする） |
| 6. プロジェクトの制約を明らかにする | 成果物に関わる制約：<br><br>ソフトウェアに関わる制約：<br><br>ビジネスに関わる制約：<br><br>組織の文化、過去のプロジェクト、学習環境： | インタビュー<br>（個人名を一覧にする）<br><br>フォーカス・グループ<br>（参加者を一覧にする）<br><br>ア・デイ・イン・ザ・ライフ<br><br>資料（資料名を一覧にする） |

この章では、トレーニング・プロジェクトを開始するときに探求しなければならない項目について深めてきました。この章の初めにも述べた通り、トレーニング・プログラムの学習目標を明確にすることからトレーニング・プロジェクトを始めます。次の章では、そのような学習目標をどのように設定するのか、また学習者がその目標を達成したかどうかをどのように評価するのかについて深めていきます。

---

1. タスク：パフォーマンスを達成するための業務。
2. リレーションシップ・マーケティング（relationship marketing）：顧客との長期的な信頼関係を構築し、マネジメントすることを目的としたマーケティング活動。
3. サマー・ジョブ（summer job）：夏休みの間だけ短期的に働く仕事。
4. 特にバージョンが違うと、同じソフトウェアでもトラブルになるため、使用されているバージョンを確認する必要がある。
5. インターベンション（intervention）：欧米の組織開発の分野では問題の解決を支援すると考えられる介入策のことをインターベンションと呼ぶ。ソリューションとも呼ばれるが、ソリューションはより直接的に問題解決につながるというニュアンスもある。そのため、一般的には、介入策をよりニュートラルに表現するために、インターベンションという呼び方が好まれる場合もある。

# 第4章

# 学習目標の基本

### この章の内容

この章では、トレーニング・プログラムにおける測定可能なゴールを書くための基本について紹介します。測定可能なゴールは「インストラクショナル・オブジェクティブ（instructional objective：学習目標）」と呼ばれています。また、トレーニング・プログラムが学習目標を達成できたかどうかの評価を行うためのエバリュエーション・マテリアル（evaluation material：評価を行うための資料）の書き方についても紹介します（これも、コース教材をつくり始める前に作成するものです）。この章では、具体的に以下について取り上げます。

▶ 学習目標やエバリュエーションの基本的な価値

▶ トレーニング・プログラムの学習目標、あるいは測定可能なゴールを書くための基本。学習者が習得すべきコンテンツを確定し、学習目標の中でもメインのものと、サポートするものとを区別する方法も扱う

▶ カークパトリックのモデルに沿ったトレーニング・プログラムのエバリュエーションを行うための一般的な指針。これは、学習の成果物をエバリュエーションするための満足度調査、クライテリオン・リファレンスト・エバリュエーション[※1]、フォローアップ・エバリュエーションを準備することを含む

加えて、章末にあるワークシートが、皆さんのトレーニング・プログラムの学習目標やエバリュエーションを準備するプロセスの指針になります。

## 学習目標とエバリュエーションの基本的な価値

　ニーズ分析では、スポンサーのビジネス・ニーズ、実現したいパフォーマンス、学習者が習得すべきタスク、学習者が誰なのか、プロジェクトの制約について理解してきました。トレーニング・プログラムをデザインし始める準備が整ったように感じますが、そうでしょうか？　いいえ、まだです。

　ニーズを明らかにして、トレーニング・プログラムで何を達成すべきかがわかりましたが、正式にゴールをはっきり設定しなければなりません。ゴールを設定することによって、スポンサーとの間で、プログラムの目的について共通の合意が得られるのです。

　ゴールを設定したらすぐに、トレーニング・プログラムに関わる作業を始める前に、トレーニング・プログラムが学習目標を達成したのかを評価するためのツール案をつくりましょう。さらに具体的にいうと、満足度調査、テスト、フォローアップの調査の案をつくります。学習の専門家であるロバート・メイガー（Robert Mager）は、学習目標がそのコースで何を行うべきかについて述べているものだとすると、エバリュエーションはその学習目標が達成された場合にどのような状態になるのかを描写したものであると述べています（1997年）。

　この章では、これらの活動をどのように行うべきかを説明しています。前半部分は学習目標の書き方、つまりゴールを正式に明言することについて説明しています。後半部分はエバリュエーション案の作成の仕方について説明しています。

### 基本原則 15

トレーニング・プログラムについて、正式に仕事を始める前に、2つのことをしなければなりません。まず、トレーニング・プログラムの学習目標を正式に明言します。2つ目に、その学習目標が達成されたかを評価するためのツールやテストを準備しましょう。

## 学習目標の設定の基本

　学習目標は、トレーニング・プログラムで達成すべきゴールのことです。実施予定のトレーニング・プログラムが扱うべき内容と、学習者が教材内容

について習得すべき度合いを明確に述べます。学習目標を作成するということは、トレーナーの間では広く慣習として行われています。ほぼ100％のトレーナーが、トレーニング・プログラムをデザインする作業の一部として、学習目標を準備しているという調査もあります。

## 学習者が習得すべきコンテンツを明らかにする

ニーズ分析で収集した情報のうち2種類の情報が、トレーニング・プログラムで扱うべきコンテンツを明らかにする手助けとなります。まず1つは、全体を通して実現したいパフォーマンスです。これは、プログラム全体のゴールとなります。2つ目は、実現したいパフォーマンスを達成するために、学習者が習得しなければならない具体的なタスクです。トレーニング・プログラム全体のゴールをどのように表現するのかということについては、第3章でも紹介していた事例を使って、次のような方法で実現したいパフォーマンスを定義することができます。

### 新しいセールスの研修

「リレーションシップ・マーケティングの方法を使って、新任のマーケティング担当者（1年もしくは、それよりも経験の少ない担当者）が担当顧客に対して、その顧客に関連する製品を販売し、1年以内に50％の顧客からの追加受注を生み出す」

「新任のマーケティング担当者」という言葉が第三者からも確認できるように定義されているところに注目してください。また、第3章にあった元の目的（実現したいパフォーマンスの記述）では、書類のすべての項目を正確に記入するという内容が含まれていましたが、コース全体の学習目標からは省かれました。そのことによって、全体の学習目標では、1つに焦点を絞ることができるようになりました。さらに、マーケティング担当者が誤った発注の処理をすると、リピート客はいなくなるでしょう。また、3章の実現したいパフォーマンスでは「製品ライン全体に関する知識を活用しながら」という記載がありましたが、ここではそのような表記はしていないことに注目します。マーケティング担当者は、製品ライン全体に関する知識を基に、顧

客のニーズに合わせた製品の提案ができなければ、その顧客に関連する製品を販売することはできないという理由です。

**新しい会計管理ソフト**

「ユーザーが６月１５日までに、新しいシステムを使って会計情報を処理し、自分で使えるようになる（具体的には、１カ月に支援を要請する回数が0.5回以内に収まる）」

「自分で使える」というのが、どのような状態なのかが「１カ月に支援を要請する回数が0.5回以内」と定義されていることに注目してください。この学習目標も第三者が測定し、確認することができます。

**新しいセキュリティー・ポリシー**

「正しいラベルづけをし、セキュリティー手順に沿って処理することで、機密資料の漏洩がない」

明確でシンプルな記述になっていることに気づくと思います。望ましいパフォーマンスを第３章で記述したときには、より多くの動作が列挙されていました。しかし、結局のところは情報にラベルをつけたり、鍵をかけて保管したりするという動作は、機密資料の漏洩をしないという目的を達成するための手段を表しているにすぎません。さらに、第３章で説明されていた動作が必ずしも、機密資料が漏洩されないことを保証するものではありません。

## 学習目標を書く

実現したいパフォーマンスを達成するためには、具体的にどのようなコンテンツを教えるべきなのでしょうか？　これが、トレーニング・プログラムで扱う内容を決めるときに必要となる２つ目の情報です。ニーズ分析で集めたタスクの一覧は、何を教えるべきかを決める際に良い出発点となるでしょう。この一覧によって、トレーニング・プログラムで取り組むべきメイン・タスクとサポーティング・タスクが明らかになっているので、プログラムの具体的な学習目標を書き始めるときに役に立ちます。今紹介した具体例のよ

うに、学習目標を書くときにはタスクについての記述を少し変えてもよいでしょう。むしろ、学習目標を書くことが、タスクの一覧を見直し、洗練させる機会となります。

正式なタスクの一覧ができたら、それを学習目標へと変換することができます。学習目標は観察可能で測定可能な言葉を使い、決まった形で書かれます。観察可能というのは、学習目標が達成されているのかどうかの根拠が第三者の目からも見えるということです。測定可能というのは、ビジネスや学習者が、特定の目標をどの程度達成したのか、第三者が評価できるということです。

具体的には、学習目標は図表4－1に示されているような3つのパートで書かなければなりません。

**図表4－1　学習目標の3つのパートを記述する**

| | | |
|---|---|---|
| 最初のパート | 観察可能で測定可能な行動を記述：動作動詞を使って、行動を記述する。たとえば、「インストールする」「入力する」「説明する」「記述する」などと書く。タスクにおいて「知る」「理解する」「評価する」「情報提供する」というような言葉は避ける。なぜならば、知る、理解する、情報提供するというような言葉やそれに類似した言葉は測定できないため。通常の場合、一覧を見直して多少の修正はあるものの、ニーズ分析で明らかになったタスクが学習目標になる。 | →「機密資料に分類された資料の上部余白に『機密資料』という言葉で、ラベルをつける…」 |
| 2つ目のパート | ゴールを達成する際の条件を記述：このパートでは、たとえば、タスクを行うときに資料を参考にしてもよいかどうかなど、ゴールを測定する際に考慮すべき状況を記述する。多くの場合、学習者がタスクを行う際にテキストなどのリソースが手に入るかどうかの条件を記述する。 | →「ワード・プロセッサーのヘッダーやフッターを自動で挿入する機能を使って…」 |
| 3つ目のパート | パフォーマンスの基準を満たすレベルを記述：これは、たとえば「エラーなく」など、完了と見なされるために、達成しなければならない学習目標の到達度合いを表している。特に明言されていない場合は、基準を満たすレベルは100％であると考えてよい。 | →「（ラベルをつけることと、自動で挿入する機能を使うことの両方を）100％の正確さで…」 |

通常の場合、学習目標の一覧は、ニーズ分析で明らかになったタスクの一覧から直接明らかになってくるものです。タスクを動作動詞で記述していたら、学習目標はある程度書けているということになります。後は、条件やパフォーマンスの基準について付け加えればよいだけです。また、使っている

動作動詞が最も適切かどうかを確認するとよいでしょう。
　それでは、どのような学習目標が効果的で、どのような目標がそうではないのでしょうか？　次の例を考えてみましょう。

- 「新規開発したソフトウェアをインストールする手順を知っている」
  これは観察可能ではないため、模範的な学習目標ではありません。誰かが何かを「知っている」かどうかは見ることができません。

- 「導入説明書を使いながら、新規開発したソフトウェアを5分以内にエラーなくインストールできる」
  これは模範的な学習目標です。新規開発したソフトウェアを5分以内にインストールできるのかどうかは見えるため、観察可能です。また、製品をインストールするための時間を計ることができ、インストール中に起こったエラーの数も数えることができるため、測定可能です。

- 「マニュアルを見ずに、30秒以内で、通信システムの6つの要素を述べることができる」
  これも模範的な学習目標です。「6つの要素を述べる」がタスク、「マニュアルを見ずに」「30秒以内で」が条件になります。パフォーマンスのレベルは記述されていませんが、100%であると想定できます。

- 「1分以内に、間違いなく、新規開発したソフトウェアと既存のソフトウェアとの違いを示す6つの特徴を述べることができる」
  これもメイン・タスクが測定可能なため、模範的な学習目標です。「1分以内に」は条件、「間違いなく」は実現したいパフォーマンスのレベルを示しています。

　行動を必ず具体的に示すようにすることに加え、他の言葉も複数の解釈が可能なため、なるべく明確に定義しなければならないことがあります。たとえば、「効果的」という言葉が使われていたとします。ある人にとって効果的なことが、他の人にとってはそうでもないことがあります。「効果的」と

いう言葉を使う代わりに、その言葉の意味することを記述してみましょう。

このように、「個人がもっている価値観と関連づけられている抽象的な言葉を観察可能で測定可能な形で定義すること」を、「言葉をオペレーショナライズ（operationalize：操作可能にする）」といいます。

## メインの学習目標とサポートするものとを識別する

ニーズ分析で、タスクの階層（メイン・タスクとサポーティング・タスク）を識別しながら、学習目標も同じような階層を明らかにします。階層の一番上には、学習者が習得すべき最も重要な学習目標が配置されます。これは「メイン・オブジェクティブ（main objective：メインの目標）」と呼ばれます。この言葉は、理解しやすく平易な言葉であるため、筆者が好んで使っています。インストラクショナル・デザインのコミュニティでは「ターミナル・オブジェクティブ（terminal objective：終了時の目標）」という言葉のほうが一般的です。これは、コースを終了したときに学習者が習得していなければならないものを示しているからです。コースでは、通常5～9個のメイン・オブジェクティブを扱います。

1つのメイン・オブジェクティブを習得するには、下の階層の学習目標をいくつか習得しなければなりません。これは「サポーティング・オブジェクティブ（supporting objective：支持する目標）」と呼ばれます。加えて、1つのサポーティング・オブジェクティブを習得するには、さらにもう1つ下の階層の複数の「サブ・サポーティング・オブジェクティブ（sub-supporting objective：下層の支持する目標）」を習得することが必要なこともあります。インストラクショナル・デザインのコミュニティでは、サポーティング・オブジェクトのことを「エネーブリング・オブジェクティブ（enabling objective：実現可能にする目標）」と呼びます。なぜならば、学習者がターミナル・オブジェクティブの習得を可能にするものだからです。

図表4-2は、機密データを保護するコースにおける学習目標の階層図の一部を例として示しています。もちろん、この図で示されているフローチャートではなく、通常のシンプルな階層図で作成してもよいかもしれません。

**図表4-2　学習目標の階層図の例**

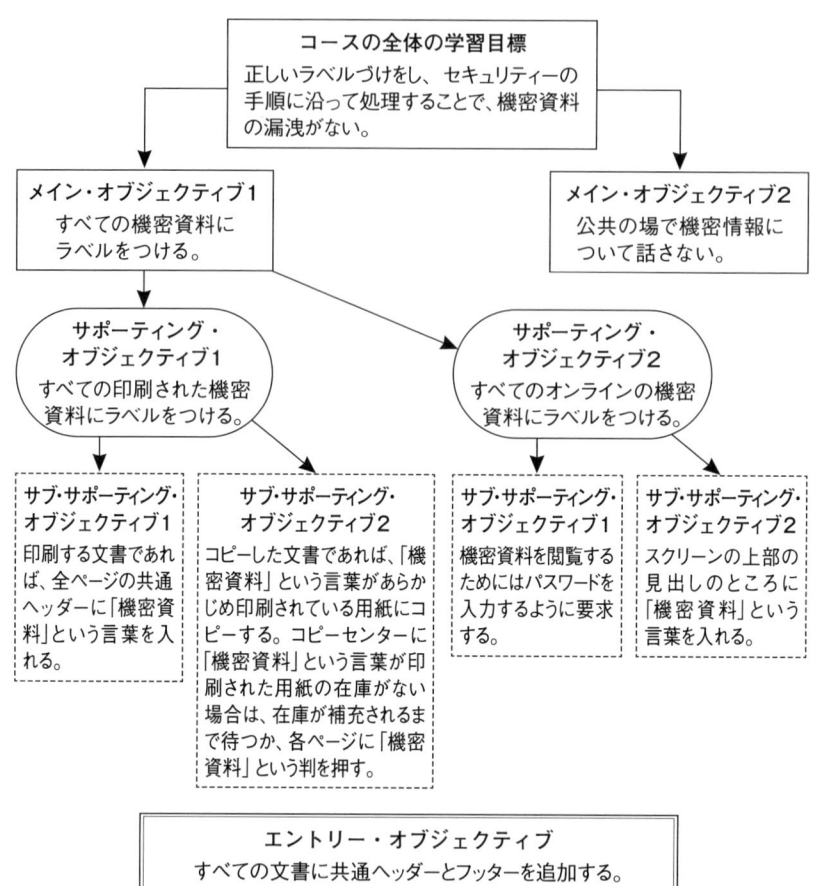

```
                    ┌─────────────────────────┐
                    │   コースの全体の学習目標   │
                    │ 正しいラベルづけをし、セキュ│
                    │ リティーの手順に沿って処理す│
                    │ ることで、機密資料の漏洩が │
                    │ ない。                    │
                    └─────────────────────────┘
                      │                      │
                      ▼                      ▼
        ┌──────────────────┐        ┌──────────────────┐
        │ メイン・オブジェクティブ1 │        │ メイン・オブジェクティブ2 │
        │ すべての機密資料に      │        │ 公共の場で機密情報に   │
        │ ラベルをつける。       │        │ ついて話さない。       │
        └──────────────────┘        └──────────────────┘
                  │                            │
                  ▼                            ▼
        ╭──────────────╮              ╭──────────────╮
        │ サポーティング・│              │ サポーティング・│
        │ オブジェクティブ1│              │ オブジェクティブ2│
        │ すべての印刷された機密│        │ すべてのオンラインの機密│
        │ 資料にラベルをつける。│        │ 資料にラベルをつける。│
        ╰──────────────╯              ╰──────────────╯
          │         │                    │          │
          ▼         ▼                    ▼          ▼
```

| サブ・サポーティング・オブジェクティブ1 | サブ・サポーティング・オブジェクティブ2 | サブ・サポーティング・オブジェクティブ1 | サブ・サポーティング・オブジェクティブ2 |
|---|---|---|---|
| 印刷する文書であれば、全ページの共通ヘッダーに「機密資料」という言葉を入れる。 | コピーした文書であれば、「機密資料」という言葉があらかじめ印刷されている用紙にコピーする。コピーセンターに「機密資料」という言葉が印刷された用紙の在庫がない場合は、在庫が補充されるまで待つか、各ページに「機密資料」という判を押す。 | 機密資料を閲覧するためにはパスワードを入力するように要求する。 | スクリーンの上部の見出しのところに「機密資料」という言葉を入れる。 |

```
        ┌──────────────────────────────┐
        │      エントリー・オブジェクティブ       │
        │ すべての文書に共通ヘッダーとフッターを追加する。│
        └──────────────────────────────┘
```

## エバリュエーション案を作成する

　学習目標がコースのゴールを記述しているとすると、エバリュエーション・マテリアル（評価を行うための資料）は学習目標をうまく達成した状態がどのような状態なのかを規定するものです。たとえば、コースの学習目標が「機密情報の漏洩がない」だとすると、学習目標をうまく達成した状態は、「機

密データにラベルをつけることで、配慮が必要な文書であることを確実に認識できるようにして、機密情報の不適切な公開を避けるようにすること」と表すことができます。エバリュエーションでは、学習者に機密情報を提供し、主に機密情報に正しくラベルづけがされ、保管されるかということに重点を置いて、その扱い方を確認します。

つまり、エバリュエーションは、コンテンツの具体的な適用を表したものになります。先にエバリュエーションをデザインすることによって、コース・デザイナーやデベロッパーは、テストに向けて教えることができるようになります。つまり、学習者がその学習目標を最も達成する可能性が高い形で、コースをデザインすることができるのです。

ここでは、エバリュエーションの準備の仕方について説明します。まず、トレーニング・プログラムのエバリュエーションの基本にあるいくつかの事柄について紹介します。その後、3種類のエバリュエーションの準備の仕方について説明します。

### 考えるヒント

学習目標を書くのに加え、トレーニング・プログラムによって達成したいビジネス目標を書くことも検討しましょう。コースの学習目標が、コンテンツを観察可能で測定可能な形で記述しているのと同じように、ビジネス目標もビジネス・ゴールを観察可能で測定可能な言葉で記述したものです。
ビジネス目標を書くときには、目標に必要な3つのパートを含めます。

- 観察可能で測定可能なゴール：ゴールは、「収益を生む」「経費を抑えるもしくは削減する」「政府の規制、産業界のガイドライン、会社の規定によって必須になっている規制に従う」という3つのうちの1つに焦点を絞ったものでなければなりません。
- ゴールを達成する際の条件：このビジネス・ゴールが達成されなければならない期限を記述しましょう。たとえば、「6カ月以内」「第1四半期の期末までに」などと書きます。
- パフォーマンスのレベル：収益や経費に関連するゴールの場合は、財務的なゴールを記述するようにしましょう。たとえば、「10％増」「売り上げに対し、0.5％削減する」というように書きます。

「営業における信用を高める」は、模範的なビジネス・ゴールではありません。具体性に欠け、測定もできないからです。同じように「サポート費用を抑える」という

のも、模範的なビジネス目標ではありません。どのサポート費用なのか？　どの程度抑えるべきなのか？　ビジネス目標を宣言するときは、より具体的にしなければなりません。

一方で「販売予測の数値を達成し、ユーザー１人につき電話相談の費用を10％抑える」というのは模範的なビジネス目標になります。ビジネスにもたらされる利益が３つのうちのどれなのか、どの程度改善が必要なのかを明確に述べています。

スポンサーがこのようなビジネス目標を意識していなかったとしても書くようにしましょう。１つの理由は、皆さんがプロジェクトの主となるゴールに焦点を絞る助けとなるからです。また、もう１つの理由は、トレーニングがビジネス・ゴールの達成につながるということをスポンサーに認識してもらえるからです。

## エバリュエーションに関わる基本的な事柄

トレーナーはさまざまな理由で、コースのエバリュエーションを行います。最も一般的なものは、次のようなものです。

▶ **自分たちの効果性を評価するため**
特定のトレーニング・プログラムがうまくいったのかどうかという単純な評価ではありません。通常は、プログラムの具体的な部分について学習者が感情レベルでどのように受け止めたのかを調べたり、学習者がテストで好成績を収めることができたかどうかを調べたりします。コース・デザイナーやデベロッパーはこれらのフィードバックを生かして、うまくいくインストラクショナル・ストラテジーに磨きをかけ、うまくいかないストラテジーを見直します。

▶ **学習が起こったのかどうかを評価するため**
学習者のみがこの評価を使う場合もあります。それ以外にも、マネジメント層が、従業員が特定の仕事をするのに適しているのか、また昇進させるのにふさわしいのかを判断するために使う場合もあります。昇進の内容によっては、特定のトレーニング・プログラムを修了したことを示さなければなりません。また、雇用関連の決定に関わるため、学習の評価は法的な意味合いももちます。テストはコンテンツに基づいたもので

なければならず、一通り学んだ学習者は、それぞれ試験を通過するための機会を平等に与えられなければなりません。ヒューマン・リソース部門（以降 HR 部門）と法務部門が、テストに関する法的な意味合いについて詳細の情報を提供できるでしょう。

▶ **コースの ROI（投資対効果）を評価するため**
学習者のパフォーマンスがどのように改善したのかを示すことで、コースのビジネスへの価値を示すための強力なツールとなるでしょう。仕事におけるパフォーマンスは、財務的な言葉で述べることができる場合が多いため、ビジネスへの価値を示しやすいものです。

このような評価を行うために有効なデータを得られるように、エバリュエーションでは意味ある項目を評価しなければなりません。クライテリオン・リファレンスト・エバリュエーションでは、テストの設問やパフォーマンスの評価は、すべて学習目標からつくり出されます。これらは「クライテリア（criteria：基準）」とも呼ばれています。この前のプロセスで、学習目標を定義し、教える価値のあるコンテンツを明らかにしました。結果的には、テストする価値のあるコンテンツも、学習目標なのです。実際のところ、学習目標から直接つくり出されたもののみが有効なエバリュエーションの質問になるのです。他の質問は結局のところ、根拠がなく、関連がないものであり、学習者から見ると、自分たちをだますための質問のように見えることもあります。

ある時点での1種類のエバリュエーションだけでは、完全なデータを提供できないこともあるため、トレーナーはいくつかの種類のエバリュエーションに頼ることが多いです。実際にトレーナーは、第1章で説明したカークパトリック・モデルに基づくエバリュエーションを行っています。このモデルは、トレーニング・プログラムの実際の、または認知された効果性をエバリュエーションするために広く使われている4段階のフレームワークです。第1章でも述べましたが、カークパトリックのモデルではそれぞれの段階で異なるエバリュエーションを行います。レベル1はプログラムに対する参加者のリアクション（反応）、レベル2は参加者がどれくらいラーニング（学習）

したのか、レベル３は参加者が一定期間過ぎた後にどれくらいそれを保っていたのか、レベル４はトレーニング・プログラムが組織の最終的な収益にどれくらいのインパクトをもたらしたのかを評価します。第１章で述べたように、レベル４はこの本で扱っている範囲を越えています。ASTDグローバル・ベーシック・シリーズの他の書籍（『研修効果測定の基本』）で、レベル４のエバリュエーションの実施方法について学ぶことができます。

## レベル１：リアクション（反応）の評価の仕方

　すべてのクラスルームのコースは、学習者にエバリュエーションをするように依頼して終わります。業界では、親しみを込めて「スマイル・シート」と呼ばれていますが、この調査では、参加者がコースを気に入ったのか、教材は問題なかったか、食事はおいしかったか、インストラクターは楽しませてくれたのかを評価しているようにも見えるかもしれません。しかし、本当はこれらの調査で、より本質的な事柄についての参加者のリアクションを調べることもできます。

- ▶ 何かを学ぶことができたのかどうか
- ▶ 学んだことを職場で生かす可能性はどの程度あるか
- ▶ 特定のインストラクショナル・ストラテジーの効果性
- ▶ コースの「パッケージ（詳細は第７章、第８章）」の効果性

　図表４－３では、レベル１のエバリュエーションで、コースの効果性に関する有意義なデータを提供してくれる質問を提案しています。

## 図表4-3　レベル1のエバリュエーションの例

**あなたの意見を聞かせてください。**

1．一言で言うと、このワークショップをどのように言い表しますか？

_____

　　この質問の背景にある考え：コースに対する率直なフィードバックを引き出します。また、受講者が誤って数値の目盛りを逆に読んでしまっているかどうかを判断することができます。たとえば、この質問で「素晴らしかった」と答えているにも関わらず、次の質問で「1」に丸をつけている場合は、受講者が数字の順番を見誤った可能性があります。

2．このワークショップはどうだったのかを、数字で選んでください

　　1　　　　　　　2　　　　　　　3　　　　　　　4　　　　　　　5
　非常に悪い　　　　　　　　　　　平均的　　　　　　　　　　　　優れている

　　この質問の背景にある考え：定量データを指向する組織に対し、必要な数値データを提供するものです。

3．このワークショップを受ける前は、どの程度「＿＿＿＿＿＿＿（扱っている題材）」について知っていましたか？

　　1　　　　　　　2　　　　　　　3　　　　　　　4　　　　　　　5
　何も知らない　　　　　　　　少しだけ知っている　　　　　　　　かなり知っている

　受けた後はいかがですか？

　　1　　　　　　　2　　　　　　　3　　　　　　　4　　　　　　　5
　何も知らない　　　　　　　　少しだけ知っている　　　　　　　　かなり知っている

　　この質問の背景にある考え：この質問によって実際の学習を評価することはできませんが、学習できたかどうかの認識を評価することができます。つまり、学習者がコースで何かを学習できたと認知しているのかどうかということです。

4．このワークショップで教えられたスキルの一部、もしくはすべてを仕事の中で活用する可能性は、どの程度ありますか？

　　1　　　　　　　2　　　　　　　3　　　　　　　4　　　　　　　5
　まったくない　　　　　　　　　わからない　　　　　　　　　可能性が非常に高い

　　この質問の背景にある考え：学習者がコースの教材内容を自分にとって関連のある内容として認識したかどうかを明らかにします。関連するという認識は、しばしば学習者がコースに対して感じる満足度と相関します。

5．ワークショップの最も良かった部分は：_____

6．このワークショップを改善するためにできることを1つ挙げるとしたら：

_____

　　この質問の背景にある考え：この最後の2問はコースに対する定性的なフィードバックを提供し、改訂における作業の優先順位づけに役立ちます。何人かの参加者が言及した項目は注意が必要なものです。たとえば、10人の学習者が「演習が素晴らしかった」と回答したのであれば、似たようなコースを将来つくるときには、このような演習を組み込んだほうがよいかもしれません。同様に、18人の学習者がコースのペースが遅いという意見だったのであれば、次の改訂のときはペースを速めたほうがよいかもしれません。

## レベル2：ラーニング（学習）の評価

　参加者が指定されているコンテンツを学習したかどうかを実質的に評価する方法としては、トレーニング・プログラムを修了した直後に、コンテンツをどの程度使いこなしているかを評価するという方法があります。一般的には、これを「テストする」というように呼んでいましたが、この言葉には多くのネガティブな意味合いがついてくるため、学習の専門家の中には「エバリュエーション」もしくは「アセスメント（評価）」という言葉を好む人がいます。エバリュエーションは、人々が何かを学習することができたのか、また学習した場合は何を学習したのかを評価するためのものです。学習者がすべてのコンテンツを習得していないとしたら、学習者がより重点的に取り組んだほうがよい具体的なコンテンツが何かを特定します。

　図表4－4で説明している通り、ラーニングを有意義な形で評価するには、さまざまな検討課題があります。

　図表4－5では、学習目標とそこからつくり出されるテストの設問を示しています。これらの例をもとに考えてみてください。

> **考えるヒント**
>
> 学習目標から直接つくり出された設問のみが、テストの設問として適切なものといえます。他の設問や課題は、目標と直接関連するわけではないため、学習者を楽しませることができるかもしれませんが、最終的には目の前の目的から学習者の注意をそらしてしまうものになります。

**図表4－4　レベル2評価をするときの検討事項**

| 評価はいつ行うべきなのか？ | 理想的な状況では、参加者がトレーニング・プログラムの始まる前にすでにわかっていることを評価し、終わった直後にも評価する。そうすることで、それらの評価の「前」と「後」の得点の差が、本当のラーニングの度合いの評価になる。現実的には、日々のトレーニングについては多くの組織が「ポストテスト（posttest：事後テスト）」と呼ばれる「後」のテストしか行わない。 |
|---|---|
| テストでは、どんな設問をするとよいのか？ | 根拠のあるテストの設問は、学習目標から直接つくり出されたものである。学習目標の中でタスクを提示しているため、設問はある程度書かれているともいえる。<br><br>実践では、最終評価においては、学習の成果物のうち、メイン・オブジェクティブのみを評価することが多い。通常の場合、これらの評価ではメイン・オブジェクティブ1つにつき1つ、もしくは複数の設問がある。サポーティング・オブジェクティブはメイン・オブジェクティブをうまく行うために習得しなければならないものなので、直接メイン・オブジェクティブをテストすることで、間接的にサポーティング・オブジェクティブもテストしていることになる。コースの各単元の中でテストする場合は、テストの設問はサポーティング・オブジェクティブを評価することが多い。<br><br>トレーナーによっては設問の代わりに、学習者にシナリオを提供し、そのシナリオに対応してもらうことでテストする人もいる。その場合は、シナリオにおける課題を解決するためにデモンストレーション（demonstration：実演）しなければならないメイン・オブジェクティブとサポーティング・オブジェクティブを示したチェックリストを準備する。 |
| テストの設問の数はどのくらいがよいか？ | これに答えるためには、学習目標1つに対し、設問がいくつ必要なのかを考えてみるとよい。テストの設問は、学習経験の最後に行う評価として活用する以外にも、学習者と一緒に取り組む事例として活用したり、学習者が練習（複数回の練習が必要なこともある）するための演習として、またコースの各単元の最後に復習するために使ったりすることもできる。<br><br>1回の評価で、同じ学習目標についていくつかの設問をしてもよい。それによって、参加者がある設問に正解したのが偶然ではなく、教材内容を本当に学んだことによることを確かめることができる。もしくは、念のため、いくつかの形で評価を行う必要もあるかもしれない。<br>その結果、それぞれのメイン・オブジェクトに対し、3～10個の設問やシナリオを作成する必要があるかもしれない。 |

**図表4－4　レベル2評価をするときの検討事項（続き）**

| どのようなフィードバックを提供すべきか？ | フィードバックをどの程度行えばよいのかは、状況によって大きく変わる。<br>● そのコースを正式に修了したかどうかを決定するための評価については、一般的には、コースの終了時まで、インストラクターはフィードバックを提供しない。これは、インストラクターが学習者の初期のパフォーマンスを知っていることで、後にテストの設問を提示する際の妨げになることを防ぐためである<br>● 評価の主な目的が、学習者自身が学習の評価を行うのを支援するということであれば、一般的にはアクティビティ※2の最中にインストラクターがフィードバックを提供する |
|---|---|

**図表4－5　学習目標に合わせてテストの設問をつくる**

| 学習目標 | テストの設問例 |
|---|---|
| 国と首都を一致させる | 国と首都を一致させましょう。<br>　　a. フランス　　　　1. ヤウンデ<br>　　b. カメルーン　　　2. ブラジリア<br>　　c. 日本　　　　　　3. パリ<br>　　d. タイ　　　　　　4. バンコク<br>　　e. ブラジル　　　　5. 東京 |
| ディックとキャリーによって提唱されているインストラクショナル・デザインのプロセスにおける、キーとなるステップを言うことができる | ディックとキャリーによって提唱されているインストラクショナル・デザインのプロセスにおける、キーとなるステップを言ってください（学習目標で使っている言葉を変えていないという点に注目してください）。 |
| X35のコピー機によって中小企業が得られる主な利点を最低でも3つ説明する | マーティン・インダストリー社はコピー機を置き換えようとしています。マーティン・インダストリー社は35人の従業員がおり、年間売り上げは約120万ドルです。あなたは、オフィス・マネジャーであるジーナ・ロプリエノから、取引する権利を得るために会社に対しプレゼンテーションをするために招かれました。質疑応答の時間の中でジーナは「このコピー機は優れたものだけれども、私たちの会社よりも大きな会社にふさわしいように思えます。なぜ私たちが必要とする以上の機能をもつコピー機にすることを検討しなければならないのでしょうか？」と尋ねました。あなたは、その理由を最低でも3つ答えてください。 |

### 図表4－5　学習目標に合わせてテストの設問をつくる（続き）

| 学習目標 | テストの設問例 |
|---|---|
| 文字による説明がない取扱説明書を使って、15分以内にエラーなくデスクトップPCをインストールする | あなたは新しいデスクトップPCの入った荷物を受け取ったところです。インストールしてください。箱の中に入っている取扱説明書を使っても構いません。<br>（インストラクターは、チェックリストを使ってユーザーがこれを行っているところを観察し、ユーザーが行ったタスクにはチェックをつけ、行わなかったことはその旨を明記しましょう）<br>□ 梱包を解く<br>□ 部品を確かめる<br>□ システム装置にキーボードをつける |
| クラスで提供された、効果性の基準をもとに、パフォーマンス・プランが効果的に書かれているかどうかを見分ける | 続くページに3つのパフォーマンス・プランのサンプルが載っています。講義で説明があった判断基準に基づき、以下の3つのうちのどれが効果的なものなのかを示してください。<br>（インストラクターは、解答の中ですべての基準について言及したかどうかをチェックするために、観察項目の一覧を開発してもよいでしょう） |
| 与えられたビジネス・ケースについて、eコマースの潜在的な可能性を評価する | 次のケースを読んでください。その次に、eコマースの潜在的な可能性について評価してください。また、その評価をする上で使った基準を具体的に述べてください。<br>（インストラクターは、解答の中ですべての基準について言及したかどうかをチェックするために、観察項目の一覧を開発してもよいでしょう。その際、学習者によって開発された基準を入れるためのスペースも用意しておきましょう） |

## レベル3：仕事へのトランスファー（応用や適用）の評価

　トレーニングが提供する最終的な価値は、教えられた内容を仕事へ適用することです。そのため、多くのトレーナーは、一定期間過ぎた後に、コンテンツがどの範囲まで仕事における行動にトランスファーされたのかを評価したいと思うものです。これは、カークパトリック・モデルのレベル3として知られています。

　見方によっては、学習者がコンテンツをどの程度理解したのかを実質的に評価するという点から、レベル3のエバリュエーションはレベル2のエバリ

ュエーションと似ています。主な違いは、レベル3のエバリュエーションがレベル2のエバリュエーションを行った数週間後、もしくは数カ月後に行われるという点です。どのくらいの期間を空けるかはコース・デベロッパーの裁量に任されています。ただし、レベル3のエバリュエーションは、早くても6週間後、遅くても6カ月後までに行われるべきです。

レベル3のエバリュエーションを行うためには、さまざまなテクニックがあります。最もよく使われる方法は次の2つになります。

▶ **コースの学習目標で挙がっているタスクの実行を観察する**

これは、仕事場で直接観察するという方法でもできますし、コンピュータによるキーの入力を記録し解析するなど、コンピュータによるモニタリングという方法でもできます。この方法の利点は、皆さんが直接観察し集めたデータなので、データが信頼できるという点です。欠点は、人が観察する場合は、データを集めて分析するのに多くの時間が必要となる点です。また、コンピュータによるモニタリングはすべての国で法律的に許されているわけではないので、実施する前に法的な手続きが必要なこともあります。

▶ **学習者とそのスーパーバイザーへの調査**

このエバリュエーションの方法は、トレーニング・プログラムで教えられたスキルや学習目標がどの程度仕事に適用できているかを学習者とそのスーパーバイザーに聞くという方法です。利点は、eメールによって自動的に配信し、自動的に回答が記録される仕組みなどによって、容易に実行できるという点です。欠点は、データが主観的なものであるという点です。しかし、各学習者のデータが本人とスーパーバイザーの2つの視点から得られるため、本人だけの回答よりは信頼できるものとなります。

### 実践に向けて

最初に学習目標を書くことで、トレーニング・プログラムで扱うコンテンツの焦点を絞り、重要度を（実現したいパフォーマ

ンスからサポーティング・オブジェクティブまでの）階層で捉えるのに役立ちます。また、テストの設問を作成することで、「テストに向けて教える」ということが可能になるため、トレーニング・プログラムが焦点を絞った状態を維持するのに役立ちます。演習4－1を使って、学習目標やエバリュエーションを開発するのに役立ててください。

1. クライテリオン・リファレンスト・エバリュエーション（criterion referenced evaluation）：第1章の訳注5で補足したクライテリオン・リファレンスト・テストと同じ。
2. アクティビティ：研修やワークショップで行う演習、課題、ゲームなどの活動の総称。

## 演習4−1　学習目標とエバリュエーション

| | |
|---|---|
| ビジネス目標（任意） | _____<br>_____<br>_____ |
| 学習目標 | コースのメイン・オブジェクティブ_____<br><br>メイン・オブジェクティブ1_____<br>サポーティング・オブジェクティブ<br>・_____<br>・_____<br>・_____<br>・_____<br>・_____<br><br>メイン・オブジェクティブ2_____<br>サポーティング・オブジェクティブ<br>・_____<br>・_____<br>・_____<br>・_____<br>・_____ |
| 学習目標のチェック | 学習目標に次のものが含まれていることを確認しましょう：<br>☐ 観察可能で測定可能な行動<br>☐ ゴールを達成する際の条件<br>☐ 基準を満たすレベル（100％ではない場合） |
| エバリュエーション | 次の評価に向けて準備しましたか？<br>● レベル1（満足度）<br>　☐ はい　☐ いいえ<br>● レベル2（コースの学習目標に基づくラーニング）<br>　☐ はい　☐ いいえ<br>● レベル3（コースの学習目標に基づくトランスファー）<br>　☐ はい　☐ いいえ<br>注：レベル4のエバリュエーションはこの本の範囲を越えていますが、このときにレベル4のエバリュエーションを準備してもよいでしょう。 |

　次に演習4−2で腕試しをしてみましょう。9つの学習目標のうちのいくつかは適切な言葉で書かれています。いくつかは、そうではありません。違いを見分けることができるか、確かめてみましょう。演習の後に解答が示されています。

## 演習4－2　適切に書かれた学習目標を見分ける

次のそれぞれについて、適切に書かれた学習目標かどうかを示してください。

| | | |
|---|---|---|
| 1．ページの余白を変える手順を知る | □ はい | □ いいえ |
| 2．テクニカル・コミュニケーションの価値を理解する | □ はい | □ いいえ |
| 3．カークパトリックのモデルに沿って、トレーニングの成果物の価値を評価するための4つの方法を述べる | □ はい | □ いいえ |
| 4．オンラインの支援サービスを使って、ページの余白を変更する | □ はい | □ いいえ |
| 5．オンラインの支援サービスを使って、与えられた依頼の95％で、各ページの余白を変更することができる | □ はい | □ いいえ |
| 6．背骨の頚椎5種類を80％の正確さで | □ はい | □ いいえ |
| 7．仕事場の主要な化学薬品を理解する | □ はい | □ いいえ |
| 8．オンラインのマニュアルを使って、従業員は受講料の払い戻しの申請書類を85％の正確さで完成させる | □ はい | □ いいえ |
| 9．カスタマー・サービスの担当者が従業員の記録を正確に更新する | □ はい | □ いいえ |

皆さんの出来はいかがでしたか？　以下の解答と照らし合わせて確認してください。

1．いいえ。タスクの「知る」は観察可能、測定可能ではありません。
2．いいえ。タスクの「理解する」は観察可能、測定可能ではありません。同様に「テクニカル・コミュニケーションの価値」というのも、人によって異なる解釈が可能であり、より明確に定義されなければなりません。
3．はい。基準を満たすレベルは100％と想定されます。また、条件も特に記述されていませんので、想定されていないということです。
4．はい。「変更する」が行動になります。「オンラインの支援サービスを使って」が条件になります。また、基準を満たすレベルについても、特に記述されていませんので、100％と想定されます。
5．はい。基準を満たすレベルについてより明確に書かれています。
6．いいえ。タスクが明記されていません。
7．いいえ。タスクの「理解する」は観察可能、測定可能ではありません。
8．はい。「受講料の払い戻しの申請書類を完成させる」がタスクで、条件は「オンラインのマニュアルを使って」、基準を満たすレベル「85％の正確さ」と記述されています。
9．いいえ。「正確に」という言葉は曖昧であり、より明確な言葉で定義する必要があります。

　この章では、学習目標を記述し、エバリュエーションを準備することで、トレーニング・プログラムのゴールを設定する方法について説明してきました。続く第5章～第9章を通して、皆さんはトレーニング・プログラムをデザインし、開発するための準備ができるでしょう。

# 第5章

# コースのコンテンツ整理の基本

---

> **この章の内容**
>
> この章では、クラスルーム形式のコースやワークブックを使ったコースのコンテンツ整理の仕方の基本を紹介します。具体的には、以下について取り上げます。
>
> ▶ トレーニングのコンテンツを伝達するための媒体について理解を深める
> ▶ コース全体の基本構造を定め、各単元の基本構造を検討し、具体的な学習コンテンツを整理するための全体構造を組み立て、コンテンツを単元に分ける。さらにレメディエーション（remediation：救済）とエンリッチメント（enrichment：強化）の計画を立て、構造をインフォメーション・マップ（information map：情報のマップ）として描く。こうした一連の流れで、コンテンツを整理する
>
> 加えて、章末にあるワークシートが、皆さんの講義のコンテンツを整理するプロセスの手引きになります。

## デザインのプロセスを開始する

　ニーズが明らかになり、学習目標が正式に決まり、エバリュエーションの準備が整ったところで、いよいよコースのデザインと開発を始めることができます。これらの作業を完了する前にデザインや開発をしてしまうと、取り

組んでいるコースは、目的が定かでなく、対象が不明確で、期待されている成果について部署の間で意見の不一致が生じるなど、その他の苦難が待ち受けていることがあります。

　第5章～第9章は、トレーニング教材のデザインと開発のプロセスについて順を追って紹介しています。この章は、その一連の章の最初です。この章では、学習目標を達成するために扱う教材内容、つまり「コンテンツ」をどのように整理するのかについて深めていきます。そこで、まずトレーニング・コースで使われるさまざまな媒体について説明します。次に、すべてのトレーニング・コースやワークブックに共通する一般的な基本構造について探っていきます。最後に皆さんが開発しているコースの具体的なコンテンツを構造化するために、いくつかの提案をします。

　第6章では、学習者をエンゲージし（引き込み）、彼らが教材の内容を保持する上で効果的な、コンテンツ提供のさまざまな方法について検討します。第7章では、クラスルームやワークブックを使ったコースにおける受講者向けの教材、スライド、インストラクター向けのメモなど、開発しなければならない教材の種類について説明します。第8章では、これらの教材を作成し、デザインするための指針について述べ、作成の際の検討事項にも触れます。この一連の流れの最後、第9章では、広範囲に実施する前に、教材の正確性や効果性を確認するためのレビューやパイロット・クラスを実施する方法について解説します。

## 学習コンテンツを伝達するための媒体

　トレーニング・コースをデザインするときに最初に考慮すべき事項は、学習コンテンツを伝達するためにどの媒体を使うのかということです。本書のここまでの議論では、皆さんが開発しているコースをクラスルームで行うのか、ワークブックを使うのか、あるいはその他の媒体を使うのかについては考察していません。なぜならば、どのように教材を提供するのかを決める前に、コースの根底にあるニーズを分析し、学習目標を記述し、エバリュエーションについての案を開発すべきだからです。コースをデザインするときに

は、どの媒体を使ってコンテンツを提供するのかは極めて重要です。なぜならば、ワークブックを使ったコースの学習コンテンツを開発する場合は、クラスルームやコンピュータのためのコンテンツを開発する場合とは異なるからです。

多くの場合、依頼を受けたときにどの媒体を使うべきなのかを伝えられます。たとえば、次のような形で依頼を受けます。

▶ マーケティング・セールス部門のバイス・プレジデントが、クラスルームでの1週間のセールスの研修と、受講の条件となる教材や受講後に学習するコンテンツの入った、一連のワークブックの作成を依頼した。セールスの研修は、新しいマーケティング担当者が必ず受けることが求められている。内容については、リレーションシップ・マーケティング、マーケティングの方針、発注の手順を扱い、現在の製品ラインに関する概要も示すことが条件である

▶ 社内のアプリケーション・ソフトウェアを担当しているマネジャーが、新しい会計管理ソフトを使うエンドユーザー向けの半日のトレーニングを依頼した。コースは5月2日にローンチする必要がある。5月2日というのは、新しいソフトの稼働が開始する3週間前である

▶ チーフ・セキュリティー・オフィサーが、新しいセキュリティー・ポリシーに関して、マネジャーを対象とした2時間のクラスルームのトレーニング・コースを依頼した。新しいセキュリティーの手続きが8週間後に開始されるので、そのときにコースの提供を開始する必要がある

クラスルームでのコースというのは、受講者とインストラクターが同じ部屋に同じ時間にいるというものです。部屋は伝統的なクラスルームかもしれませんし、会社の会議室、ホテルやカンファレンス施設の会議室、公共のホール、その他の似たような、ある程度の人数が集まれるスペースかもしれません。

クラスルームに代わる方法もあり、ワークブックが一般的です。ワークブックは、文字通り学習コンテンツを提供する本です。学習者は自分のペースでコンテンツを学習します。ワークブックにコース全体の内容が含まれている場合もありますし、後にクラスルームのコースが予定されており、それを

受講するために事前に習得することが条件となっている教材内容を扱っていることもあります。ワークブックは、通常の場合、より本格的な見かけにするために、デスクトップ・パブリッシング（DTP）のシステムを使って作成します。

ワークブックを使ったコースというのは、すべての教材内容がワークブックに入っています。時々、クラスルームのコースでもワークブックのような資料を配ることもありますが、クラスルームでの補助資料として提供されるものは、ワークブックではなく、配付資料と見なされます。ワークブックのコースのコンテンツは単独で成立するものです。

クラスルームとワークブックは、いずれのアプローチも利点と欠点がそれぞれあります。クラスルームのコースには、次のような利点があります。

- 開発するのが最も容易なものの1つといえる
- コースの最中に、インストラクターが受講者のニーズに合わせて学習コンテンツを簡単に調整することができる。学習者が戸惑った表情をしているのが見えるので、インストラクターは、学習者に対して内容が明確に理解できるかどうかを確認することができる。また学習者は、質問があればすぐに聞くことができる
- インストラクターに見守られて、大部分の学習者がコースを最後までこなし、修了することができる
- コースのコンテンツを更新するのが簡単。通常は、スライドを1～2枚変更したり、アクティビティを少し更新したり、インストラクターのマニュアルを修正する程度で済む

> **基本原則16**
>
> トレーニング・コースのデザインと開発の最初の依頼で、望ましい媒体が特定されていたとしても、最初に行う作業は、選択されている媒体が最も適切なものであるかどうかの確認です。

クラスルームのコースには、次のような欠点があります。

- 学習者が職場を離れてトレーニングを受けなければならないため、コンテンツ提供のコストが高めになる。たとえば、学習者が出張することに

なり、交通費、宿泊費、食費などがコースの費用以外にかかる場合もある。学習者が出張しなかったとしても、インストラクターが出張しなければならないかもしれない。その他の費用としては、会場、機材、備品のレンタルや購入費用が含まれる
- インストラクターが教材を各クラスの特徴に合わせて少し変えることもあるので、セッションによって、教材の提供の仕方に一貫性がないこともある。また、扱っている概念をインストラクターが違う言葉で説明することで、微妙な意味合いの違いが生じることがあったり、あるクラスでは扱った教材が他のクラスでは扱われなかったりすることもある
- 学習者が自分の都合に合わせてスケジュールを入れにくいということもある。インストラクターが提示した日程でコースを受けなければならない
- コースのデザインが悪いと、クラスルームのセッションの質が低下して説教になってしまうこともある

ワークブックはクラスルームの代わりになります。ワークブックには、次のような利点があります。

- コースが「携帯可能」なので、学習者が自分の都合に合わせて、ワークブックを持ち歩いて好きな時間と場所で学習できる
- すべての学習者がまったく同じ言葉で書かれている同一の教材を読んで学習するため、異なる時期にコースを受講しても、同じメッセージを受け取ることができる
- 印刷と配送の費用はかかるが、ワークブックのトレーニングにかかるコストは最小限に抑えることができる。ワークブックのコースでは、出張費用はかからない

ワークブックには、次のような欠点があります。

- インストラクターが見守る、もしくはその他の支援やインセンティブがないため、コースを修了する学習者がクラスルームに比べて少なめになる
- 学習者に質問したいことがあった場合、ワークブックの学習者向けの個人

指導サービスが提供されていない限り、簡単に質問することができない。個人指導サービスがあったとしても、即座に回答を得ることは難しい
- ▶ 印刷費用が含まれると、クラスルームのコースに比べてワークブックのほうが開発にかかるコストが高い場合もある
- ▶ 更新する場合に、すでに印刷されたワークブックを廃棄して再度印刷し直す必要があるため、コストが高くなる可能性もある。ワークブックをオン・デマンドで印刷すれば、更新費用を抑えることができる

### 考えるヒント

　トレーニングにおいて、他の媒体を利用することも可能です。たとえば、コンピュータはバーチャル・クラスルームとしても、学習ツールとしても利用可能です。バーチャル・クラスルームは、複数の所在地にいる学習者に向けてインストラクターがコースを配信するという使い方になります。学習ツールは、インストラクターではなくコンピュータがコンテンツや演習を提供し、教材の習得を確認するテストを行うという使い方になります。コンピュータを使ったトレーニングはeラーニングもしくは、ディスタンス・ラーニング（distance learning：遠隔学習）と呼ばれます。また、その他の選択肢として、生中継あるいは録画のテレビ番組のような形でまとめたビデオを使って学習コンテンツを提供する場合もあります。また、音声のみを使った学習プログラムでは、テープやCDによりコンテンツが提供され、学習者が自分の都合に合わせてそれらを聴き、学習します。
　コンピュータ、ビデオ、音声の教材を作成するためには、デザインや製作に関する専門のスキルが必要とされ、それらは本書で扱う範囲を越えているということや、そうした教材を利用するのは、（この書籍が出版された時点では）トレーニングのうちの30％に満たないため、本書では扱いません。なお、本書では、クラスルームとワークブックそれぞれのコース開発やデザインの方法の違いについて、重点を置いて扱っていきます。最初にその違いが問題となるのは、コンテンツを整理するときです。

## コンテンツを整理する基本

　コンテンツの提供に最も効果的なトレーニング媒体を選択したら、次は、コースのコンテンツの整理に目を向けることができます。
　コンテンツの整理は、次の6つのステップに沿って行います。それぞれについて、この後詳しく説明していきます。

1. コースの基本構造を定める
2. 各単元の基本構造を開発する
3. 具体的な学習コンテンツを整理して全体構造を組み立てる
4. コンテンツを単元に分ける
5. レメディエーションやエンリッチメントの計画を立てる
6. 構造をインフォメーション・マップとして描く

## 1. コースの基本構造を定める

　すべてのコースとワークブックが、コンテンツに関わらず、何らかの基本構造に従って組み立てられます。それぞれが、「前付け[※1]」と呼ばれる要素で始まり、「後付け[※2]」と呼ばれる要素で終わります。これらの要素はすべてのコースに必要となるものですが、あえて計画しておかないと入れ忘れることがあります。

　そのため、コースを整理する際の最初の作業は、基本の骨子を作成し前付けと後付けをすべて確実に含めることです。

**クラスルームのコースにおける前付けと後付け**

　クラスルームのコースの前付けには次のものが含まれます。

▶ **コースのタイトル**：通常の場合は、次のような情報をスライドに載せてコースが識別できるようにします。
　(a) コースのタイトル
　(b) コースを識別するためのコードや番号(HR-1544 などのようなもの)
　(c) インストラクターの名前
　(d) インストラクターの所属する部署や組織（○○社、トレーニング部）
　(e) 著作権表示（ワークブックの前付けについての説明で著作権の表示例を記述していますので、それを参考にしてください）

▶ **コースの目的**：コースを通じて実現したい成果を明言します

▶ **アジェンダもしくは学習目標**：コースで扱っているテーマの一覧を載せます。学習目標を載せる場合は、コースのメイン・オブジェクティブのみを載せます。サポーティング・オブジェクティブ（支持する目標）は、それを学習する各単元で表示するので、ここでは載せません。組織によって、アジェンダのみを示すところもあれば、学習目標のみ、もしくは両方というところもあります。

▶ **受講の条件となる教材内容があれば、そのおさらい**

▶ **詳細な事務連絡**：スケジュールや施設について、学習者にオリエンテーションするための運営に関する情報です。詳細な事務連絡の中には、次のようなものが含まれます。
（a）休憩や食事の時間
（b）食事や休憩を取ることができる場所。食事が提供されない場合は、レストランの情報
（c）トイレや喫煙場所
（d）携帯電話の電源を切る依頼
（e）受講者が連絡できる緊急連絡先
（f）非常口の場所
（g）組織から提示されているその他の連絡事項

　クラスルームのコースの後付けには次の6つが含まれます。1つ目は、コンテンツの要点をまとめた要約があります。2つ目は、コースの修了試験や学習の評価を行うのであれば、それを載せます。3つ目は、関連するコースやその他の参考情報一覧です。4つ目は、追加の演習や教材が載ったウェブ、電話サポートの電話番号、eメールでのサポートのアドレスなど、利用可能な事後のサポートの受け方についての情報になります。5つ目はコースのエバリュエーションです。もしレベル3のエバリュエーションを数週間もしくは数カ月後に行うのであれば、その情報も載せます。そして、後付けに載せる最後の項目は、修了証です。修了証をクラスで配布しないのであれば、どのようにそれを受け取ることができるのかについての情報を載せます。

### ワークブックのコースの前付けと後付け

ワークブックを使ったコースの前付けには、次のようなものが含まれます。

▶ **タイトル・ページ**：次のような情報を提供する、コースの最初のページです。
　(a) コースのタイトル
　(b) コースを識別するためのコードや番号（HR-1544などのようなもの）
　(c) インストラクターの名前
　(d) インストラクターの所属する部署や組織（○○社、トレーニング部）
　(e) コースの日付

▶ **版の情報**：著作権を含む法律的な情報が載ります。著作権表示例は以下のような形で書かれます。
　　　　　　　ⓒ Copyright. ASTD. 2003. All rights reserved.
版の表示には、ワークブックで使われている商標の一覧、登録商標、ロゴなどが含まれます。

▶ **序文**：コースを受けるべきかどうかを判断するために、学習者が読む紹介資料。序文の中には次のものが含まれます。
　(a) コースの目的。コースによって実現したい成果を明言したもの
　(b) 学習目標。コースのメイン・オブジェクティブ。サポーティング・オブジェクティブはそれを学習する各単元で示すので、ここでは載せない
　(c) 対象となる学習者。コースが対象としている学習者を明確に述べる
　(d) 受講の条件となる教材内容。コースを修了するために事前に習得しておかなければならない教材の一覧
　(e) コースを受けるための説明。コースの受講方法、ワークブックで使われている独自の記号、受講者がコースを効果的に受けるために必要な説明などその他の情報

ワークブックのコースの後付けには、次の6つが含まれます。1つ目は、コースのコンテンツの要点をまとめた要約があります。2つ目は、ワークブックで使われる用語の一覧を載せた用語集です。3つ目は、コースの修了試験や学習の評価を行うのであれば、それを載せます。4つ目は、関連するコースやその他の参考情報一覧です。5つ目はコースのエバリュエーションです。もしレベル3のエバリュエーションを数週間もしくは数カ月後に行うのであれば、その情報も載せます。そして、後付けに載せる最後の項目は、修了書がもしあるのであれば、どのように受け取ることができるのかについての情報です。

### 補足説明

多くの組織は、前付けと後付けに載せる独自の項目一覧をもっています。また、どのようにそれを準備するのかについての指示もあります。プログラムの開発を進める前に、プロジェクト・マネジャーに確認を取り、皆さんの組織に前付けと後付けの基本素材があるかどうかを調べましょう。

前付けと後付けに入れる独自の項目一覧をもっている組織は、ひな形を埋めることで、簡単にこれらの項目を作成できるテンプレートをもっていたりします。これらのテンプレートは皆さんの仕事を簡素化するだけでなく、コース間の一貫性を担保します。たとえば、すべてのコース・デザイナーやデベロッパーが同じテンプレートを使ってワークブックの序文を書けば、学習者はコースが自分のニーズに合っているのかどうかを判断するための情報がどこにあるのかがわかります。

## 2．各単元の基本構造を開発する

すべてのコースやワークブックに前付けと後付けがあるのと同じように、コースやワークブックの各単元にも前付けと後付けがあります。コースの前付けと後付けと同様、少し時間を取って明確にしておかないと、単元の前付けと後付けを入れ忘れてしまうことは珍しくありません。

### クラスルームのコースの単元の前付けと後付け

クラスルームのコースの単元の前付けには、3つの項目が含まれます。1つ目は、タイトルと単元番号（単元1、単元2、単元7のように）など、新

しい単元を示すスライドです。2つ目は、単元の学習目標です。これは、単元で扱うメイン・オブジェクティブとサポーティング・オブジェクティブを含みます。3つ目は、単元の学習の要件です。ここでは各単元を修了するために習得しておかなければならないスキルを明らかにします。また前付けでは、他の単元やコースなど、学習者が事前に習得しておかなければならない教材内容をどこで見つけられるのかを示したり、必要なスキルをもっているのかどうかを学習者が自分で確認できるように、事前テストを入れる場合もあります。

クラスルームのコースの単元の後付けは、次のものが含まれます。

> **補足説明**
> 単元は、ユニット、レッスン、セクションなどさまざまな名称で呼ばれます。コース全体、また関連するコースがある場合はそれらのコースも含めて、全体で一貫して同じ言葉を使ってさえいれば、好きな名称を使ってよいでしょう。

- **記述的な要約**[※3]：扱ったテーマとそのテーマについて学習者が覚えておくべき要点
- **学習の評価**：非公式の小テストや公式のテスト
- **参考情報**：テーマについて、学習者が追加の情報を得られるところ
- **ジョブエイド**[※4]**やその他の参考情報**：仕事に戻ってから学習者が使える資料

**ワークブックのコースの単元の前付けと後付け**

ワークブックのコースの単元の前付けには、3つの項目が含まれます。1つ目は、タイトル・ページです。通常（右開き）の場合、見開きの右側から始まります。これは、ワークブックをめくったときに見やすいからです。このページでは、タイトルと単元番号（単元1、単元2、単元7のように）を示します。2つ目は、単元の学習目標で、単元で扱うメイン・オブジェクティブとサポーティング・オブジェクティブを含みます。3つ目は、単元の学習の要件です。

クラスルームのコースの単元の後付けは、4つの項目が含まれます。記述的な要約、学習の評価、関連する参考情報の一覧、ジョブエイドや学習者が仕事に戻ってから簡単に参照できるその他のツールです。

## 3. 具体的な学習コンテンツを整理するための全体構造を組み立てる

　コースや個別の単元の基本的な概要を念頭において、次に行わなければならないのは、コースや個別の単元において、コンテンツをどのように構造化するのかを確定することです。

　この時点で、この作業の大きな部分の1つである、学習目標の確定はすでに終わっているので、それを踏まえて学習目標に直接関連するコンテンツのみがコースに含まれるべきです。すべての学習教材が「クライテリオン」つまり基準（学習目標）によって定められるため、トレーニングの専門家の中にはこれを「クライテリオン・リファレンスト・インストラクション」と呼ぶ人もいます。学習目標によって、提供されるべきコンテンツ、そのコンテンツの階層構造、そして要点が提供されるべき順序が明確になります。

　学習目標に結びついたコンテンツを何らかのスキーム（scheme：体系）に結びつけてもよいでしょう。スキームがあることで、学習者は特定のコンテンツを別のコンテンツに関連づけしやすくなります。情報アーキテクチャの先駆者のリチャード・ソウル・ワーマン（Richard Saul Wurman）は、コンテンツを構造化するための5つの一般的なスキームを提唱しています。これらは「帽子かけ」とも呼ばれており、5つの帽子かけは、次の通りです。

1. カテゴリー（たとえば、トップ40、ハードロック、ラップ、クラシックのように）
2. 時間（何らかの事象における実際の時間的な順番、または手順などの暗黙の順番など）
3. 位置（場所やものに従って）
4. アルファベット（電話帳、辞書、百科事典のように）
5. 連続量（たとえば、最少から最多、最も悪いから最も良い、保守からリベラルのように）

　学習目標の階層ごとに異なるスキームを使って、それぞれの階層を開発することもできます。言い換えると、すべてのメイン・オブジェクティブを1つのスキームで開発し、メイン・オブジェクティブ1のサポーティング・オ

ブジェクティブでは別のスキームを使い、メイン・オブジェクティブ２のサポーティング・オブジェクティブでさらにもう１つ別のスキームを使って開発してもよいでしょう。たとえば、コースの一部が情報漏洩の種類について扱っている場合、「カテゴリー」で分けて提供するかもしれません。そして、コースの別の部分で情報を保護する手順を扱っている場合は、「時間（手順）」に沿って提供するかもしれません。

## 4．コンテンツを単元に分ける

　学習コンテンツ全体をスキームに沿って規定したら、それらのコンテンツを小さな要素に分けます。これが単元になります。

　コンテンツを小さな要素に分けることで、学習者にとって扱いやすくなります。第１章でも述べた通り、成人の学習者は時間に追われていたり、処理できる情報量に限界があったりするので、集中できる時間が限られています。コンテンツを単元に分けることで、どんな場面においても、学習者が考えなければならない情報量をコントロールしやすくなります。

　コンテンツを単元に分けるという行為を科学的なものと考えたい人もいますが、本当のところはアート（art：技術）であり、場合によっては直感に頼らなければならないこともあります。

## 5．レメディエーションやエンリッチメントの計画を立てる

　一部の学習者は、１回目の学習だけで教材内容を理解することができません。また、他の学習者は教材内容を独自の方法で適用させます。さらに、テーマについてより深く学習したい人もいます。これらの学習者のニーズに対応する最も効果的な方法は、ニーズのすべてを念頭に置きながらデザインすることです。

　言い換えると、学習プログラム全体の基本的な構造をつくり、コンテンツを単元に分けた後、学習者の３つの特別なニーズに対して計画を立てたほうがよいでしょう。それは、レメディエーション、教材内容の特別な適用、エンリッチメントです。

### レメディエーション（remediation：救済）

　一部の学習者は他の人に比べて、学習するためにより多くの支援が必要です。言い換えると、教材内容を1回目の学習では理解することができず、復習をする必要があるかもしれません。この種の復習は、学習上の困難を乗り越える手助けをするという望みを込めて「レメディエーション」と呼ばれます。レメディエーションのためにプログラムをデザインする際は、学習者が理解するのに困難を感じそうな教材内容を明らかにしましょう。

　次に、学習者が困難を感じているかどうかが明らかになる箇所を特定しましょう。通常は、クイズや演習の後などが学習者の熟達度合いを実際に示すことのできる機会となります。これらの箇所について、学習者がコンテンツを習得するまで継続的に復習するためのレメディエーションの計画を立てましょう。もともと提供されていた教材内容をもう一度学習してもらうという方法を取る人もいますが、1回目の学習で理解できなかった学習者が、2回目で理解できる可能性はあまり高くありません。より適切な戦略は、コンテンツの提供を別の方法で行うことです。学習者は基本の提供方法で想定されていたよりも少ない内容しか理解していないと仮定したほうがよいでしょう。そのため、たとえば元の提供方法が主に文字情報に頼っていた場合、視覚的な方法など他のアプローチを活用したほうがよいでしょう。また、テストも簡単な練習問題から始めるとよいでしょう。

#### 考えるヒント

どのようにコンテンツを個別の単元に分ければよいのでしょうか？　次の指針を検討してみてください。

- クラスルームのコースの場合、1つの単元は50分から90分くらいの長さがよい（ある経験の豊富なトレーナーが言うには、これが、前後に休憩を挟んで人が最長で学習できる長さだということだ）
- ワークブックのコースの場合、1つの単元は前付けと後付けを含めて25ページ以内に収めたほうがよい。1つのページを完了するには2、3分かかるという前提で、25ページは50分から75分に換算できる
- 実際のところは、各単元は通常1つのメイン・オブジェクティブしか扱わない。非常に複雑なコースの場合は、1つの単元で1つのサポーティング・オブジェクティブしか扱わないこともある

**教材内容の特別な適用**

　場合によっては、学習者のうちの少数ではあるものの無視できない数の人が、特定の状況においてコンテンツを活用することもあります。たとえば、企業のセキュリティー・ポリシーのコースを受講する学習者のうち30％が、特に注意が必要な新製品の情報に関する資料を扱い、それ以外の20％が、注意の必要な人事データを扱っていたとします。それぞれが機密情報ですが、機密資料として扱う理由、保持の方法、漏洩した場合の賠償責任は異なります。

　このような場合は、それぞれの学習者の状況に合わせた適用の仕方を説明することで、学習者が学習内容を効果的に活用するための支援ができます。そのためには、特別な配慮が必要な部分に、一節加えてもよいかもしれません。たとえば、公共の場での機密情報の開示についての単元では、2つの異なる事例を入れてもよいでしょう。一方は、製品計画についての機密情報を開示した場合の影響、他方は、個人の仕事のパフォーマンスに悪影響を与えている家族の事情について開示した場合の影響を事例で示します。

**エンリッチメント（enrichment：強化）**

　学習者によっては、単元やコースを完了した後に、さらにコンテンツについて学びたいという人もいます。もしその後の単元に、追加の教材内容がないのであれば、彼らの熱意に応えるために、エンリッチメントのための情報を提供するとよいでしょう。

　コンテンツや学習者によって、エンリッチメントに対するニーズは異なります。学習プログラムで提供されたコンテンツの水準を超えるような演習を提供することもあります。また、別の場合は、学習者が学習を続けることができるように、参考情報を一覧にするかもしれません。参考情報には、関連のあるオンラインの学習プログラムまたはクラスルームでの学習プログラム、関連するウェブサイトのリンク、参考文献などがあります。

## 6．構造をインフォメーション・マップとして描く

　学習プログラムの構造を考えたら、それを書き出します。多くの皆さんは、学習プログラムの構造を短い文章でまとめるように訓練を受けてきたと思いますが、インフォメーション・マップを活用することも考えてみてください。インフォメーション・マップとは、その名が示す通り、学習プログラムの全体構造を図形で表したものです。それぞれのコンテンツ相互の関連を示すことができるため、「マップ」といいます。

　インフォメーション・マップは標準的なやり方ではありませんが、インフォメーション・マップを活用している人は、文章よりも構造がわかりやすく目に見えるので、マップを好みます。

　一般的には、インフォメーション・マップには、メジャーノード（major node：主要な結びつき）とマイナーノード（minor node：副次的な結びつき）があります。メジャーノードは、学習プログラムの主となる部分のことで、マイナーノードは、副次的な部分のことです。図表5－1は、企業のセキュリティーに関する講義のインフォメーション・マップの例です。ただし、インフォメーション・マップは、階層を一段階しか掘り下げません。言い換えると、サポーティング・オブジェクティブのレベルまでは扱いますが、サブ・サポーティング・オブジェクティブは扱いません。

### 実践に向けて

　コースの形式や構造を考える際にまず行うのは、クラスルームあるいはワークブックのように、学習コンテンツを伝達するための媒体を選択することです。それから、コンテンツの構造をつくります。コンテンツの構造をつくるために、コースの基本構造を準備し、各単元の基本構造を検討し、具体的な学習コンテンツの構造を開発し、コンテンツを単元に分け、レメディエーションやエンリッチメントの計画を立て、構造をインフォメーション・マップとして描きます。

　演習5－1のワークシートを使って、現在開発しているコースの教材を組み立てる際の指針としてください。

第5章　コースのコンテンツ整理の基本

　インストラクションの媒体を選択し、学習プログラムのコンテンツを整理したら、次は教材内容の提供方法について考え始めます。次の章では、教材内容の提供方法について深めていきます。

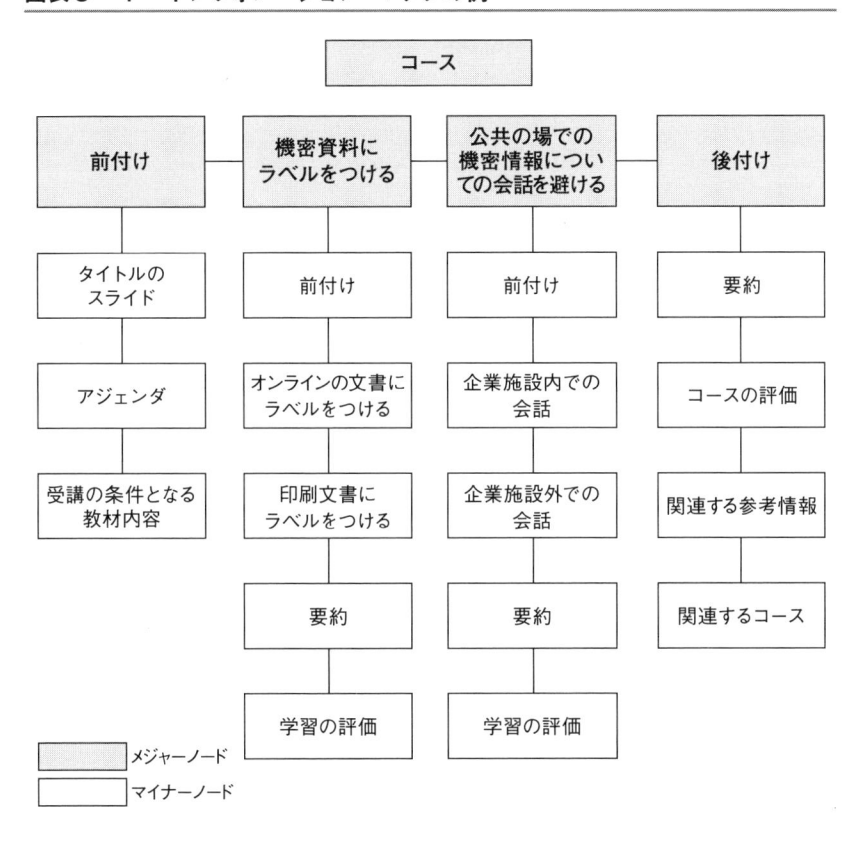

**図表5－1　インフォメーション・マップの例**

```
                          コース
    ┌───────────┬───────────┬───────────┬───────────┐
  前付け      機密資料に    公共の場での    後付け
              ラベルをつける  機密情報につい
                             ての会話を避ける
    │           │             │             │
 タイトルの    前付け         前付け         要約
 スライド
    │           │             │             │
 アジェンダ   オンラインの文書に 企業施設内での  コースの評価
              ラベルをつける    会話
    │           │             │             │
 受講の条件となる 印刷文書に    企業施設外での  関連する参考情報
 教材内容      ラベルをつける    会話
                │             │             │
               要約           要約          関連するコース
                │             │
              学習の評価      学習の評価
```

▨ メジャーノード
□ マイナーノード

1. 前付け：表紙、目次など、出版物の本文の前にある要素。
2. 後付け：付録、索引など、出版物の本文の後にある要素。
3. 記述的な要約：要約の書き方には、記述的な要約とトピックの要約がある。それぞれの違いは、次の6章で解説している。
4. ジョブエイド（job aid）：業務活動を支援する、情報、プロセス、観点が豊富に格納されているツールや詳細資料。

135

## 演習5－1　コースのコンテンツを整理する

| | | |
|---|---|---|
| コースの媒体を選ぶ | ☐クラスルーム（配付資料も含む） | ☐ワークブック |
| コースの基本構造を定める | クラスルームのコースに含めるもの | ワークブックのコースに含めるもの |
| | 前付け | 前付け |
| | ☐ タイトル・ページ<br>　__コースのタイトル<br>　__コースを識別するためのコードや番号<br>　__インストラクターの名前<br>　__インストラクターの所属する部署や組織<br>　__著作権表示 | ☐ タイトル・ページ<br>　__コースのタイトル<br>　__コースを識別するためのコードや番号<br>　__インストラクターの名前<br>　__インストラクターの所属する部署や組織<br>　__コースの日付 |
| | ☐ コースの目的<br>　以下のどちらか<br>　__アジェンダ<br>　__学習目標<br>　　（メイン・オブジェクティブのみ） | ☐ 版の情報<br>　__著作権表示<br>　__商標の一覧 |
| | ☐ 受講の条件となる教材内容（もしあれば） | ☐ 序文<br>　__コースの目的<br>　__学習目標<br>　　（メイン・オブジェクティブのみ）<br>　__対象となる学習者<br>　__受講の条件となる教材内容<br>　　（コースの名称だけでなく、必要なスキルも記述する）<br>　__コースを受けるにあたっての指示や説明 |
| | ☐ 詳細な事務連絡<br>　__休憩や食事の時間<br>　__食事や休憩の場所<br>　__トイレや喫煙場所<br>　__携帯電話の電源を切る依頼<br>　__緊急連絡先<br>　__非常口の場所<br>　__組織から提示されているその他の連絡事項 | |
| | 後付け | 後付け |
| | ☐ 要約 | ☐ 要約 |
| | ☐ 修了試験や学習の評価（実施する場合） | ☐ 用語の一覧 |
| | ☐ 関連するコースやその他の参考情報一覧 | ☐ 修了試験や学習の評価（実施する場合） |
| | ☐ 事後のサポート | ☐ 関連するコースやその他の参考情報一覧 |
| | ☐ コースのエバリュエーション | ☐ コースのエバリュエーション |
| | ☐ 修了証 | ☐ 修了証（提供する場合） |

第5章　コースのコンテンツ整理の基本

## 演習5−1　コースのコンテンツを整理する（続き）

| 各単元の基本構造を開発する | 前付け<br>□ 新しい単元を示すスライド<br>□ 単元の学習目標（メイン・オブジェクティブとサポーティング・オブジェクティブ）<br>□ 単元の学習の要件<br><br>後付け<br>□ 記述的な要約<br>□ 学習の評価（クイズやテストなど）<br>□ 参考情報<br>□ ジョブエイド | 前付け<br>□ 単元のタイトル・ページ<br>□ 単元の学習目標（メイン・オブジェクティブとサポーティング・オブジェクティブ）<br>□ 単元の学習の要件<br><br>後付け<br>□ 記述的な要約<br>□ 学習の評価<br>□ 参考情報<br>□ ジョブエイド |
|---|---|---|
| 具体的な学習コンテンツを整理するための全体構造を組み立てる | コースの全体的な構造<br>□ カテゴリー<br>□ 時間<br>□ 位置<br>□ アルファベット<br>□ 連続量<br><br>□ 単元1の構造<br>　__カテゴリー<br>　__時間<br>　__位置<br>　__アルファベット<br>　__連続量 | □ 単元2の構造<br>　__カテゴリー<br>　__時間<br>　__位置<br>　__アルファベット<br>　__連続量 |
| コンテンツを単元に分ける | クラスルームのコース：<br>各単元を50分から90分の長さにする | ワークブックのコース：<br>各単元を25ページ以内に収める |
| レメディエーションやエンリッチメントの計画を立てる | レメディエーションの計画：＿＿＿＿＿＿＿＿＿＿＿＿＿＿＿＿＿＿＿＿＿＿＿＿＿＿＿＿＿＿＿＿＿＿＿＿<br>教材内容の特別な適用についての計画：＿＿＿＿＿＿＿＿＿＿＿＿＿＿＿＿＿＿＿＿<br>エンリッチメントについての計画：＿＿＿＿＿＿＿＿＿＿＿＿＿＿＿＿＿＿＿＿＿＿＿＿ ||
| 構造をインフォメーション・マップとして描く | ||

※ 本文に則り、翻訳時に再編集

# 第6章

# コンテンツを提供するための基本的なストラテジー

> ### この章の内容
> この章では、基本的なインストラクション・テクニックのツールボックスを紹介します。皆さんがコースをデザインするテクニックのレパートリーをそろえ始めるのに役立つ方法を説明します。
> ▶ 効果的な学習環境の特徴
> ▶ 学習コンテンツを伝達する5つの基本的なアプローチ
> ▶ コースを開始するときのテクニック
> ▶ コースを終了するときのテクニック
> ▶ インストラクショナル・ストラテジーを選択するときに考慮すべき事柄
> 
> 加えて、章末にあるワークシートが、皆さんの実現性を考慮しながらインストラクションのテクニックを選択するプロセスの手引きになります。

## 学習者をエンゲージするコースの特徴

　コースの内容を伝達するための媒体を選び、コンテンツを整理したら、コースのデザインにおける次の検討課題は、学習コンテンツを提供するストラテジーの計画です。

コース・デザイナーやデベロッパーの中には、この課題が最もクリエイティブであると考える人もいます。なぜならば、さまざまなインストラクショナル・ストラテジー（instructional strategy：教育戦略）やアプローチの中から、コンテンツを提供するためにどれを用いるのかの選択を行うことができるからです。コンテンツによって適切なアプローチが決まっている場合もありますが、場合によっては、いくつかの実施可能なストラテジーがあり、学習者や関わるインストラクターに最も合ったストラテジーをコース・デザイナーやデベロッパーが決定しなければならないこともあります。

さらに、インストラクショナル・ストラテジーを選ぶということは、学習目標で述べられているスキルや事実をクリエイティブに伝えるということだけでなく、学習者がコンテンツの価値を感じ、学習内容を保持するモチベーションを高めるようにすることも意味します。つまり、インストラクショナル・ストラテジーを選ぶことで、学習者のモチベーションを高め、エンゲージされる（engaging：引き込まれる）ような学習経験の基盤をつくることができるのです。

> **基本原則 17**
> 学習者が学習の意欲をもち、学習した内容を保つことを確実にするために、モチベーションが高まり、アクティブ（active：能動的）で、支援的な学習環境をつくるようにしましょう。

学習者が学びたいと思い、学習がうまくいくと信じていれば、実際に学習が起こる可能性が高まります。実際のところ、コース・デザイナーやデベロッパーは、このゴールを念頭に置きながら、インストラクショナル・ストラテジーを選択します。具体的には、次のような学習経験をつくるようにします。

▶ モチベーションが高まる：学習者が学習コンテンツを習得するには、学習する理由があり、自分が学習する力をもっていると感じていなければなりません

▶ アクティブ：学習者は学習経験に能動的に関わっているときに、最もよく学ぶことができます。学習者が学習プロセスに能動的に取り組むことができるようなアクティビティをコースに組み込みましょう。組織によっては、各コースに一定の割合（たとえば教材内容の3分の1）で、演習、ケーススタディ、ディスカッション、ゲームなどのアクティブ・ラーニ

ング（active learning：能動的学習）を入れることを必要条件にしているところもあります
▶ 支援的：学習者は学習経験に満足感があると、最もよく学ぶことができます。コース・デザイナーやデベロッパーは、学習者の「うまく学習できている」という感覚が高まるように学習をデザインします

### 補足説明

どうすれば学習者のモチベーションが高まるコンテンツになるのでしょうか？　特定のコンテンツについてそもそも興味深いと思う学習者もいます。しかし、これは学習者の中のほんの一部です。コンテンツをうまく習得することが、新しい仕事での成功に必須、あるいは、よりよい仕事のアサインメント、資格認定、昇進といった出世の可能性を高めるという学習者もいます。一方で、学習者によっては、新しいコンテンツを学習することは、すなわち他のコンテンツを手放すことを意味することもあります。あるソフトウェアのコース・デザイナーは次のように述べています。

> 学習者たちは、「なぜ、新しいシステムを学ばなければならないのか」と疑問に思うことがよくあります。彼らは古いシステムで満足していました。マネジメント層が勝手に新しいものを買ったのです。学習者たちは、システムを変えたくありません。新しいシステムの使い方を学習することは、なおさらしたくありません。

このような場合、コース・デザイナーやデベロッパーは、最初にこの障害を取り除かなければ学習は始まりません。ニーズ評価をするときに学習者の状況について明らかにしておけば、その分トレーニングにおけるこうした障害やモチベーションを高める要因が明確になり、コースのデザインの段階でこれらに対応することができます。

## 学習コンテンツを伝達する5つの基本的なストラテジー

コンテンツを提供するためのストラテジーは、モチベーションを高め、能動的で、支援的な学習経験をつくる際のフレームワークとなります。各ストラテジーは、それぞれ独自の方法で学習者のモチベーションを高め、関与させ、学習者を支援します。次のセクションでは、コース・デザイナーやデベロッパーが使う、最も一般的なストラテジーを説明しています。

- ▶ クラシカル・アプローチ
- ▶ マスタリー・ラーニング
- ▶ ディスカバリー・ラーニング
- ▶ ハンズオン・エクササイズ、またはハンズオン・ラボ
- ▶ インストラクションなしのパフォーマンス向上

ストラテジーのいくつかは、より相互作用のあるもので、その他はより効率的にコンテンツを伝えるものです。また、いくつかのストラテジーは、開発するのは安価ですが相互作用が少ないものです。その一方で、開発するのにより多くのリソースが必要ですがクリエイティビティーの高いものもあります。理想的なストラテジーというのはありません。それぞれに、要点を伝える上での利点と欠点があります。皆さんがコンテンツを伝達する方法について意思決定する前に、自身が扱っている学習状況に対して、それぞれの利点と欠点が、どのように影響を与えるのかを考慮しましょう。これらのストラテジーについて紹介した後に、皆さんのトレーニング・プログラムで、コンテンツを提供するための適切なストラテジーを選ぶ際の指針を示します。

**基本原則 18**
コンテンツの提供の仕方については、さまざまなアプローチを検討した上で、意思決定しましょう。

## クラシカル・アプローチ

クラシカル・アプローチに従ってデザインされたコースでは、インストラクターが講義を行ってコンテンツを伝達します。専門家が学習者にコンテンツを伝えるという伝統を象徴しているため、「クラシカル・アプローチ（classical approach：古典的なアプローチ）」と呼ばれています。このアプローチを「セージ・オン・ザ・ステージ（sage on the stage：ステージに乗った賢者）」と言う人もいます。

講義の中には、インストラクターが中断することなく話すというシンプルなものもありますが、よくみられるのは、インストラクターの話が学習コンテンツを伝える主な方法ではあるものの、他のアクティビティによって中断

されるという形です。他のアクティビティには、ビデオやフィルムの上映、専門家やゲスト・スピーカーによるプレゼンテーション、インストラクターや学習者から投げかけられた質問によって起こるディスカッションといったことが含まれます。

クラシカル・アプローチのトレーニングは、決められた方針など、そのまま伝えなければならないコンテンツの場合に特に有効です。たとえば、前の章で述べてきたような新しいセキュリティー・ポリシーを適用するためのコースの例には、クラシカル・アプローチが適しているかもしれません。なぜならば、学習者がそのままのコンテンツを適用しなければならないからです。この場合の教える目的は、どちらかというと単に問題に対する意識を高めるというよりも、方針に確実に従ってもらうことです。

クラシカル・アプローチには多くの利点がありますが、そのうちの1つは、最もシンプルな形にすると、機材などの特別なリソースや特別な指示が少なくて済

### 補足説明

支援的な学習環境を維持するためには、学習者を大量のコンテンツで圧倒する、恥をかかせるといったことを避けましょう。学習者にとって多すぎる量にしないためには、コンテンツをシンプルにしましょう。あるタスクを行うために5つの方法があるとしたら、1つの方法だけ提供しましょう。学習者に恥をかかせないようにするためには、まず簡単な演習から始めて、徐々に複雑なものに取り組んでいくようにしましょう。それによって、常に学習者が安心感をもって取り組めるようにします。また、すでに教えたコンテンツ、学習目標に直結しているものだけをテストするようにしましょう。

むことです。ただし、クラシカル・アプローチで教えるインストラクターには、サポートを提供する必要があります。サポートには、次のようなものがあります。

▶ 講義を行う場合は、インストラクター向けにメモを提供する。そのメモでは、伝えるべき要点だけでなく、扱うテーマの特定の側面についての知識がそれほどない人でも効果的に教材内容を伝えられるように、コンテンツについての一段深いレベルの内容を加える
▶ ディスカッションを行う場合は、ディスカッションで投げかける質問、それに対して予想される一般的な解答（質問によっては正答と誤答）、そ

れらの解答にどのように返答するのかといったことをインストラクターに提供する
- ▶ ゲスト・スピーカーが講演する場合は、講演者に、プレゼンテーションを行ってほしい正確な日時と場所、講演に使える時間、扱ってほしい内容の概略を伝える。ゲスト・スピーカーに扱ってほしい内容を伝えることは、彼らのプレゼンテーションの邪魔になると信じている人もいるが、多くのゲスト・スピーカーは、実際はこうした指針をありがたく思うものだ。こうした指針は、彼らが説明する内容の焦点を絞り、講義時間をより効果的に活用するのを助けてくれる
- ▶ 動画やその他の音響映像関連のリソースを使う場合は、機材の使い方についての説明、再生する場所、これらの内容から学習者が何を理解するべきなのか、動画以外の学習コンテンツと動画がどのように統合されるのかの説明を提供する
- ▶ 練習問題やテストを行う場合は、解答の要点と解答をおさらいするときに説明するポイント（たとえば、よくある間違いの原因についての見解）を提供する

## 考えるヒント

一般的に、クラシカル・アプローチでデザインされた講義は、次の7つのステップで行われます。
1. 学習者の注意を引きつける
2. 学習目標と講義で扱う内容など、コンテンツの概要の提供
3. 講義、またはビデオや似たような音響映像のプログラムを使って、学習内容を提供する
4. 学習内容についてディスカッションする
5. 練習問題を提供する
6. コンテンツを要約する
7. 学習者をテストする

## マスタリー・ラーニング

　マスタリー・ラーニングでデザインされた講義は、まず学習者の注意を喚起することから始まります。次にインストラクターは、学習者がうまく業務をこなすために、習得する必要のあるスキルを説明し、実演します。それから、学習者はスキルを練習しますが、習得するまで練習を続けます（それゆえに、マスタリー・ラーニングという名前がついています）。

　マスタリー・ラーニングの利点の1つは、「教える、実演して見せる、練習する」という教え方がわかりやすいという点です。マスタリー・ラーニングは、初心者に技術スキルを教える方法として人気があります。特に、学習者が規定に沿ってスキルを実践しなければならない場合によく使われます。たとえば、基本的なインストール方法やトラブル・シューティングの手順、パソコンの初歩などを教えるには、最も良い方法です。またタイム・マネジメントや製造プロセスといった、他者とのやりとりが少ないスキルを教えるときにも役立ちます。

　ここまでの章で紹介してきた新しい会計管理ソフトの使い方をエンドユーザーに教えるのにも、マスタリー・ラーニングは有効です。

　学習を確実に効果的なものにするには、インストラクターに広範囲なサポートを提供する必要があります。特に、実演と練習のフェーズでは十分なサポートが必要です。学習者が教材内容を習得するのに困難を覚え、練習を何回か繰り返さなければならないといった場合のために、練習機会を十分に提供する必要があります。そのため、1つのコンセプトを教えるのに5〜10の演習が必要であり、膨大な数の演習を提供しなければなりません。加えて、インストラクターは次の情報も必要とします。

▶ 演習問題を行うための指示
▶ それぞれの演習問題の正しい解答に関する情報
▶ 想定される間違いについての背景情報。この情報によって、インストラクターは学習者が何に関する理解が誤っているのかを特定することができ、間違いを正すことができる

### 考えるヒント

一般的に、マスタリー・ラーニングのモデルに沿ってデザインされた講義は、ロバート・ガニエ（Robert Gagne）が理想的な教育の流れについて提唱した研究で明らかにした構成に従います。次の一覧は、彼の研究から引用されたものです。

1. 学習者の注意を引きつける
2. 学習目標と講義で扱う内容など、コンテンツ概要の提供
3. 学習内容を説明する
4. スキルを実演する
5. 注意深く監督し、各区切りでポジティブまたはネガティブなフィードバックを提供しながら、学習者がスキルを練習できるようにする
6. 支援がなくてもスキルを実践することができるようになるまで、徐々にフィードバックの量を減らしていきながら、学習者が続けて練習できるようにする。たとえば、学習者が選択を間違えたときにだけ、フィードバックを提供するかもしれない
7. コンテンツを要約する
8. 学習者の成果を評価する
9. 記憶と応用力を高める

## ディスカバリー・ラーニング

　ディスカバリー・ラーニングでデザインされた講義では、学習者はまず問題に取り組み、象徴的な場面または現実世界で実際に起こることを経験します。この問題に対応することで、学習者は重要な学習ポイントを「発見」します。その後、デブリーフィング（感想の共有）でそれらの学習ポイントを引き出し、強化します。最初に行う問題は、シミュレーションやケーススタディなど、さまざまな形式で行うことができます。ディスカバリー・ラーニングは、経験を通じてコンセプトを発見するため、この学習を「エクスペリエンシャル・ラーニング（経験学習）」の1つであるという人もいます。

　ディスカバリー・ラーニングは、学習者が判断を下すことが求められるスキルを教えるときに有用です。たとえば、ディスカバリー・ラーニングは、意思決定が不可欠であるマネジメントスキルを教える方法としてよく使われます。また、高度なトラブル・シューティングやカスタマイズのスキルを教えること、特に複雑なハイテク製品を文書にまとめることができないような方法でカスタマイズし、サービス提供しなければならない人に教えるときに

> **考えるヒント**
>
> ディスカバリー・ラーニングの講義で取り組む問題を選ぶ際の難しさは、講義で扱うべきコンテンツに合ったものであると同時に、初心者も取り組めるくらいシンプルなものを選ばなければならないということです。また、問題は学習者をだますためのものではなく、学習機会でなければならないことも留意しておいてください。次のものを選択肢として検討するとよいでしょう。
> - ケーススタディ：ある問題の根底にある課題を示すケースを提供し、学習者には解決すべき課題を明らかにしてもらった上で、解決策を提案してもらう
> - シナリオ：ケースの全体像ではなく、要約のようなものを提供し、学習者には解決すべき課題を明らかにしてもらう。あるいは、誰かがシナリオに対して行った対処方法について正しかったのかを述べてもらう場合も多い
> - シミュレーション：ある特定の状況におけるキーとなる要素を提供し、学習者にはその状況に働きかけてもらう。実際に、状況からの反応も得ることで、良い判断を行った場合に得られる利益、悪い判断を行った場合にもたらされる結果を体験してもらう
> - その他の演習：学習者が学習コンテンツを体験できるような演習を提供する

役立ちます。

　一般的に、ディスカバリー・ラーニングによる学習体験は、次のような形式に沿って行われます。

1. 簡単な紹介を行い、講義で扱うメインの学習目標を示す
2. 問題に取り組む。これは、上の「考えるヒント」にあるようにさまざまな形で行うことができる
3. 問題のデブリーフィング。多くの場合は、経験から得られた具体的な学びについて、参加者同士がディスカッションを行い、その後に、このアクティビティに対して学習者が感じたことについて深める。ディスカッションの最後に、演習から得られた重要な学習ポイントを要約して終わる
4. 学習ポイントについて、より詳細な内容や追加的なサポートを提供し、学習ポイントを強化する
5. （必要であれば）2つ目の問題を提示し、学習者がスキルを練習する機会を提供する
6. 重要な学習ポイントを要約する
7. 学習者をテストする

> **考えるヒント**
>
> ディスカバリー・ラーニングの経験の本質は、演習の中にあります。クラスルームにおいては、あらかじめ想定されていたこととは異なることを学習者が行う場合がよくあります。そのため、ディスカバリー・ラーニングに沿った講義をデザインする際のチャレンジとして、インストラクター向けの教材を開発することが挙げられます。もちろん、クラシカル・アプローチやマスタリー・ラーニングのインストラクター用の手引書と同様に、演習に対する正しい方法と誤った方法への対応の仕方や、クラスルームでのディスカッションの進行を助けるメモを提供します。しかし、ディスカバリー・ラーニングの教材は、さらに、インストラクターが想定外のことにも対応できるように、インストラクターを準備させるための内容が必要になります。

## ハンズオン・エクササイズ

　ハンズオン・エクササイズ、もしくは、ハンズオン・ラボは、複雑な機材やソフトウェアを使って、学習者がスキルを練習する機会を提供します。ハンズオン・ラボでは、1つの正解があり、正しく解答するための方法が限られている、構造化された演習を提供することがあります。たとえば、エンドユーザーにパソコンを使った処理を教えるコースや、病院のスタッフにモニター用の機材を使う方法を指導するコースでは、この類の演習が提供されます。もしくは、正しく解答するには何通りもの方法がある、構造化されていない演習を提供することもあります。たとえば、サービス担当者に、テレコミュニケーションの機材で起こった複雑な問題のトラブル・シューティングを行う方法を教えるコースや、システム・エンジニアにコンピュータ・システムを設定する方法を教えるコースでは、この類の演習が提供されます。これらのラボが「ハンズオン（hands-on：実践）」と呼ばれるのは、実際の機材を使って、これらのタスクを行うからです。

　コース・デザイナーやデベロッパーは通常、ハンズオン・エクササイズと他の3つのアプローチ（クラシカル、マスタリー、ディスカバリー）のいずれかを組み合わせて使います。言い換えると、たとえば、アニメーション・ソフトウェアのコースをマスタリー・ラーニングで教えつつ、ハンズオン・ラボを組み込んで、学習者にソフトウェアの使い方を実演し、学習者がそれ

を試行する機会を提供するかもしれません。

　ハンズオン・ラボをコースの中に組み入れることを考える前に、コース中に学習者が機材を使用できることを確認しなければなりません。たとえば、学習者が真新しいソフトウェアを使って練習しなければならない場合、クラスルームで使用するまでにソフトウェアが手に入ることを確認しなければなりません。また、学習者がソフトウェアを起動できるシステムを利用することができ、すべての学習者が練習できる十分な数のシステムがあることを確認しなければなりません。同じように、新しい医療機材を使って練習しなければならない場合、クラスルームで使用するまでに入手可能であり、各学習者が十分な時間使えるだけの数を提供できるようにしなければなりません。

　ハンズオン・ラボは、ほとんどの場合、他の教育モデルと組み合わせて使われます。そのため、ハンズオン・ラボではスキルの提示と練習のみを扱い、より広い教育コンテンツを扱いません。たとえば、ハンズオン・ラボでは、文書での余白の変更の仕方やヘッダーの挿入の仕方を練習する機会を提供しますが、そもそも余白の変更やヘッダーを挿入する必要がある理由については説明しません。これは、講義の別の部分で扱います。

　ハンズオン・エクササイズのためのインストラクター向けの教材では、次の内容を提供しなければなりません。

- ▶ アクティビティの紹介の仕方についての指示。ハンズオン・ラボの目的、学習者への指示内容、必要であれば実演も含まれる
- ▶ 学習者向けの指示文書（インストラクターのためのコピーも含む）
- ▶ アクティビティを行うために必要な教材の一覧（必要があれば、それぞれの教材のコピーも提供する）
- ▶ それぞれのステップにおいて想定される問題と、学習者がその問題に対処するためのコーチングをする際に提供できる解決策を一覧にしたインストラクター用の手引書
- ▶ コンピュータの中にすでに保存されている教材を使う場合は、そのファイルの見本
- ▶ 学習者がコンピュータのコンテンツにアクセスするためのアカウントやパスワード（必要であれば）

▶ アクティビティのデブリーフィングを行うための台本。結果についてのレビューから始まり、その後、実際の状況でタスクを行う際の助言を提供する

### 考えるヒント

ハンズオン・ラボは、次のものが含まれます。
- 目的：ハンズオン・ラボによって、達成しようとしている学習目標
- ハンズオン・ラボを行うための指示：機材やソフトウェアを使った経験がまったくない、あるいは、経験が少ない場合は、順を追って各ステップを示し、学習者にプロセスを一通り指示する。すでに経験がある場合は、一般的には、目的とする成果を明らかにし、学習者がまだ知らないと思われるタスクについての助言を提供する
- 最終結果の説明：ソフトウェアのハンズオン・ラボでは、タスクを行う前後の画面のサンプルを提供するかもしれない。機材を使ったタスクの場合は、タスクを完了した後の機材、もしくは機材に載っている計測器がどの目盛を指していればよいかを写真で示すかもしれない
- 想定される問題とそれを解消する方法についての説明：問題について説明する際は、問題の原因について説明するのではなく、学習者が実際に見たり、体験したりすることを説明する必要がある。たとえば、文書の余白を変える演習をデザインしているとする。その演習では、左側の余白を1インチから0.75インチに狭めることを求めているが、学習者が誤って余白を広げて1.25インチにしてしまった。この場合、「余白設定の誤り」を指摘するよりは、「余白が0.75インチを超えている」というように、まず誤りの内容について説明をする。その上で、余白を狭めるところを、余白を広げてしまったという説明をする

## インストラクションなしのパフォーマンス向上

　学習者が公式なトレーニング・プログラムを受けなくても、目標を達成できる場合があります。たとえば、難解な公式を使って手数料の計算ができるように学習者に教えるよりも、コード化されたスプレッドシートを提供すれば、手数料の計算ができるかもしれません。スプレッドシートで、セールスについての情報を入力すれば、商品、特別なインセンティブ、またシステムで設定されているセールス担当者との確認項目を元に、スプレッドシートが自動的に手数料を計算してくれます。

また、クラスで学んだ情報を確実に仕事で適用してもらうために、学習者が職場で使える「スマート・フォーム」やリマインダーを必要とする場合もあります。たとえば、プログラマーが、トレーニングのクラスでたくさんのコマンドを学習した場合、そのコマンドをそれぞれ具体的に入力する方法を思い出すためには、すぐに参照できる何かが必要でしょう。

　こうした形で従業員を支援することを意図したリソースは、「ジョブエイド」と呼ばれています。ジョブエイドやその他のトレーニングの範囲を超えたリソースは、学習者にコンテンツを提供する方法として、選択肢の1つです。学習者にとってリソースが必要なときに使いやすく、簡単に見つけやすいという十分な確信があれば、トレーニングの代わりにこのようなリソースを提供することがあります。また、その他の場合は、トレーニングを補完するためにジョブエイドを提供し、職場に戻ってから、クラスで習ったコンセプトを簡単に適用する助けになる資料を提供します。

　ジョブエイドは、至るところで見られるようになりました。一度は、ラミネート加工されたカードを見たことがあるでしょう。ポケットに入るようにデザインされており、従業員が持ち歩けるようになっています。ファストフード店のレジには、注文したものの絵があり、レジの担当者が価格を覚える必要がありません。オフィスでは、従業員が付箋に便利なショートカットキーをメモするなど、自分のジョブエイドをつくっています。ジョブエイドは独立したものなので、トレーニングや他からの援助なしでも学習者が使えるようにデザインされていなければなりません。

### 考えるヒント

　アクティビティをデザインするときの課題の1つは、個人でアクティビティに取り組むのか、他の学習者とグループで取り組むのかを決めることです。それぞれのアプローチに、強みと弱みがあります。ハンズオン・ラボは、最終的に機材やソフトウェアを1人で使いこなし、現実場面では1人で行わなければならないタスクを実施することがほとんどです。各学習者に、1人で練習する機会を提供することは有益なことです。

　しかし、特に問題解決を行う演習など他の演習では、問題解決をする前に、さまざまな観点を考慮し、外部に意見を求める必要があります。このような問題の場合、グループで取り組んだほうがうまくいきます。実際には、グループで学習するほうが学習者にとっては多くの場合に有益であることが、研究で示されています。

## コースの始まりと終わり

　コースにおいて、デザインするのが最も難しい部分は、始まりと終わり、別名「ブックエンド」です。始まりは、コンテンツを紹介し支援的な学習環境をつくる機会となります。終わりは、学習者に重要な学習ポイントを思い出してもらい、扱った題材の学習を続けることへのモチベーションを高める機会となります。どちらかでしくじると、学習そのもの、また学習を続けることへのモチベーションに悪影響を与えるかもしれません。

　この後に、コースにおけるこれら2つの極めて重要な部分をデザインするためのポイントを紹介します。

## コースの始まりをデザインする

　ニュースの最初の段落のように、コースの始まりでは、学習者の興味を引きつけ、その後の内容のポイントを簡潔に要約し、学習者のニーズとコースのコンテンツを関連づけなければなりません。しかも、これらを効率的に、あまり時間をかけずに行わなければならないのです。教育の専門用語では、コースの始まりを「アドバンス・オーガナイザー（advance organizer）」と呼びます。多くの研究で、アドバンス・オーガナイザーがあることと学習の効果性との間に相関があることがわかっています。効果的なアドバンス・オーガナイザーを提供するために、デザイナーやデベロッパーはいくつかのストラテジーを使います。

　クラスルームでのコースにおける効果的なアドバンス・オーガナイザーとして、次のようなデザインがあります。

- ▶ コースの目的を簡潔に紹介する
- ▶ コースを受けることで達成したいと思っていることを尋ね、発言してもらう。インストラクターは、この情報によって、期待に応えることができるのかどうか判断することができる
- ▶ 学習者が他の人と関係をつくるために、コースの最初の15分以内にグループでのアクティビティを行う。このような演習によって、学習者が

コースのコンテンツに集中しながら、周囲と関係をつくることができ、効率的である。また、受講の条件となる教材内容があればそれを楽しく復習したり、コースのテーマに対する受講者の好奇心をかき立てたりする役割も果たすかもしれない
▶ 演習のデブリーフィングをコースのメイン・オブジェクティブを紹介する機会として使う

たとえば、図表6－1はセキュリティー手順のコースの初めに行う演習です。この題材について、学習者に自らがあらかじめもっている知識を評価してもらいつつ、コースで扱うシナリオの幅を示しています。

### 補足説明

コースの初めに、各学習者に自己紹介をしてもらい、なぜコースに参加しようと思ったのかを説明してもらうインストラクターもいます。これは良い考えではありません。自己紹介は関係をつくるのにとても良い方法のように思えるかもしれませんが、慎重に考える必要があります。こうした自己紹介は時間がかかり過ぎて（参加者数が多いクラスの場合は30分かかることもあり、これは1日コースのおよそ10％の時間にもなる）、学習者のモチベーションを下げる結果になるかもしれません。

### 図表6－1　コースを始めるときの演習の例

**指示**

1. グループのメンバーに自己紹介をしてください。
2. グループで話し合い、次のシナリオに登場する従業員が適切な行動を取ったかどうかを判定してください。もし意見が一致しなかった場合は、その旨を示してください。

**シナリオ1**

マイケル、ジル、ニコラスは、機密とされている新製品について、白熱した会議を行った後、社員食堂で昼食を取りに行きました。ミーティングにおいて争点となっていたのは、製品に3つの仕様を加えるかどうかでした。昼食を食べながら3人でミーティングの感想を共有しました。

彼らは：
☐ 適切な行動を取っている
☐ 適切な行動を取っていない
☐ グループ内で合意が取れない。その理由は？

## コースの終わりをデザインする

　コースの終わりは、最も重要な部分の１つです。重要な学習ポイントを強化する最後の機会です。最後の単元を終えて「では、これで終わりです。受講後アンケートです」と言って、急に終わらせないようにしましょう。

　むしろ、クラスで習ったコンテンツについて振り返る時間を少し取りましょう。振り返りは、各単元の終わりに行うコンテンツの要約とは違います。各単元でコンテンツの要約をしているのであれば、コースの最後に要約するのは繰り返しに感じられます。最も重要なことは、コースの終わりに重要な学習ポイントを強化する目的が、コンテンツを思い出すことではなく、学習者がコースで提供されたコンテンツを自分たちの仕事に統合する手助けをすることだということです。振り返ることで、学習者がコンテンツを仕事に統合することに、意識を向ける手助けとなるのです。

　コース・デザイナーやデベロッパーは、学習者がコンテンツを振り返るために、次にあるような、いくつかのテクニックを使用します。

- ▶ 学習者にシナリオを提供し、クラスで学んだことのうち、そうしたシナリオに対応するときに具体的に役立つものは何かを尋ねる
- ▶ コースから得られる学びを述べてもらうように、学習者に依頼する
- ▶ コースの終わりに、宛名として学習者自身の名前が書かれ、切手が貼付されている封筒と用紙を学習者に配布する。学習者は、その用紙にコースを通して得られた学びと重要な学習ポイントを書き、封筒に入れ、宛先の住所を記入する。その後、ある時期が来たら（コースの１カ月から１年後）、インストラクターが封筒を投函し、学習者がそれを受け取る。たとえば、キャリア開発コースをデザインした人は、学習者に６カ月で成し遂げるべき３つのことを書いてもらい、クラスが終わった３カ月後にリマインダーとして、送付する

　多くのデザイナーやデベロッパーは、重要な学習ポイントを学習者に思い返してもらうために、各単元の最後に要約をします。しかし、どうすれば効果的な要約を作成することができるのでしょうか？

記述的な要約には、単元やコースの強調したい主な部分が繰り返して書かれています。それに対し、トピックの要約は、トピック名を挙げるだけです。要約は重要な学習ポイントを学習者に思い出してもらう最後の機会なので、トピック名を挙げるだけでなく、主要なポイントも提示する必要があります。

　これまでの章で紹介してきた、新しいセキュリティー手順のコースの例で考えてみましょう。機密情報へのラベルのつけ方の単元では、トピックの要約は次のようになるかもしれません。

> **考えるヒント**
>
> 要約には2種類あります。トピックの要約は、扱ったトピックの名前を提示しますが、詳細については述べません。記述的なトピックは、扱ったトピックの名前だけでなく、学習者が覚えておくべきポイントについても述べます。
>
> 　要約は、重要な学習ポイントについて学習者に思い出してもらうための最後の機会なので、常に記述的な要約を使うようにしましょう。トピックの要約は曖昧すぎて、思い出させるだけの詳細な情報を十分に提供しません。

　　この講義では、機密資料へのラベルのつけ方について説明しました。具体的には、印刷された資料とオンラインのコンテンツへのラベルのつけ方の手順について深めました。

　この例からわかるように、トピックの要約は提供内容の重要なトピックの名前を挙げているだけです。学習者に覚えておくべきことを伝えていません。学習者がその前の講義の中で主要なポイントを逃してしまった場合、教材をもう一度見直さなければなりません。単なる要約なのに、学習者には多大な労力をかけることになってしまいます。

　一方で、新しいセキュリティー手順のプレゼンテーションの記述的な要約は、次のようになります。

　　それでは、復習しましょう。この講義では、機密情報のラベルのつけ方について説明しました。

　　印刷したものにラベルをつける場合は、文書ソフトで「機密資料」の文字をヘッダーに挿入するか、あらかじめ紙にその文字が印字されている紙を使って印刷して、文書の各ページのヘッダー部分に「機密資料」

という言葉が入るようにします。

　オンラインのコンテンツにラベルをつけるには、2段階のアプローチを取る必要があります。まず、機密資料を閲覧するユーザーはパスワードを入力しなければならないようにします。次に、システム上に表示された際には、表示画面の上の方に「機密資料」という言葉が現れるようにしてください。

　この例からわかるように、記述的な要約は、学習者が覚えるべき、キーとなる詳細情報を提供します。記述的な要約は、その前の講義において、それらのポイントをたまたま聞き逃してしまった学習者がいても、彼らがそれらのポイントを知る最後のチャンスを提供するのです。ここで要約を提供することで、彼らは主要なポイントを思い出すために、スクロールして戻ったり、eラーニングのコーチとやりとりしたりする必要がなくなります。

> **基本原則 19**
> コンテンツを復習するために、常に記述的な要約を使いましょう。

## インストラクショナル・ストラテジーを選ぶ

　インストラクショナル・ストラテジーを選ぶのは、科学であり、アート（art：技術）であり、直感でもあります。コース全体で1つのストラテジーを使うことを選ぶ場合があります。コースが短時間のもので、1つのストラテジーしか必要がないときにそうするでしょう。また、すべての教材の性質が似ていて、教えるために同じストラテジーを使うことで、異なる単元同士の関連性を強くすることができるというときも1つのストラテジーにするでしょう。一方で、各単元のそれぞれの教材内容が大きく異なり、プレゼンテーションの仕方を変えるメリットがある場合は、それぞれの単元に別のアプローチを選びます。また、学習者に変化を提供するために、それぞれの単元に異なるアプローチを取る場合もあります。

　コンテンツと学習環境にとって、また皆さんにとっても、適切なアプロー

チを選びましょう。ストラテジーを選ぶときは、次の３つのニーズのバランスを取ります。

1. コンテンツのニーズ：コンテンツによっては、特定のプレゼンテーションの形式が最適な場合がある
2. 学習環境の実際の状況：あるストラテジーが、他のストラテジーに比べてコンテンツに合っていたとしても、リソースを確保できないこともある。たとえば、シミュレーションは素晴らしいが、開発するのに追加の時間を必要とすることもある。スケジュールが厳しい中では、その時間を取ることが許されないかもしれない
3. 皆さんの好み：コース・デザイナーやデベロッパーの多くは、限られた数のストラテジーに依存しがちになるが、それは、これまでそのストラテジーで最もうまくいっていたからである

　最終的には、これら３つのニーズをバランスよく反映したストラテジーを選ぶことになります。
　また、クラスルームにおける実用面から、ストラテジーが効果的に使えない場合は、計画を変更する必要があるかもしれないことを覚えておいてください。たとえば、コース・デザイナーやデベロッパーが、コースのワークブックの各ページのヘッダーに「機密情報」という文字を挿入するというハンズオン・エクササイズを入れたかったとします。後に、コース・デザイナーとデベロッパーがコースを教える予定のクラスルームには受講者が使えるコンピュータが無く、調達することもできないことを知りました。コース・デザイナーとデベロッパーは、インストラクショナル・ストラテジーを変えて、クラスルームの実際の状況に合わせる必要があります。その結果、ハンズオン・エクササイズの代わりにこのスキルを実演し、クラシカル・アプローチの講義の一部で示すことを選ぶかもしれません。
　最後に、皆さんが選ぶストラテジーは、与えられた学習環境の中で最も効果を発揮すると感じられるものであり、皆さんが安心して使うことができるものでなければなりません。しかし、１つの難題は、コース・デザイナーやデベロッパーの中には、限られた数のインストラクショナル・ストラテジーし

か安心して使えない人もいるということです。彼らのコースは、しばらくすると単調に思えてきます。それに対し、コース・デザイナーやデベロッパーが、最も頻繁に使うストラテジーは、「レパートリー」もしくは「バッグ・オブ・トリックス（bag of tricks：袋に入った技）」と呼ばれ、より多くのストラテジーをクラスルームでの学習体験に組み込むことができると、学習体験はより変化に富んだものになります。

### 実践に向けて

コンテンツを提供するためのストラテジーを選択するときは、まず、モチベーションが高まり、アクティブで、支援的な学習環境をつくるためにはどうしたらよいかという全般的な考察から始まります。次に、各セクションでコンテンツを提供する方法を決めます。その際、クラシカル・アプローチ、マスタリー・ラーニング、ディスカバリー・ラーニング、ハンズオン・エクササイズ、インストラクションなしのパフォーマンス向上といった一般的なインストラクショナル・ストラテジーを選択します。また、それぞれの単元を開始し、終了する方法を決定します。

演習6−1を使って、コンテンツを提供する方法を意思決定する際の指針として活用してください。コンテンツ提供方法をデザインするときに検討しなければならない事柄のチェックリストとなります。

## 演習6－1　インストラクショナル・ストラテジーを選択する

**意思決定する**

各単元で次のインストラクショナル・ストラテジーのうち、どれを使う予定なのかを決める

☐ クラシカル・アプローチ
☐ マスタリー・ラーニング
☐ ディスカバリー・ラーニング
☐ ハンズオン・エクササイズ
☐ インストラクションなしのパフォーマンス向上

**デザインを確認する**

クラシカル・アプローチで行う単元が、次の要件を満たしていることを確認する

☐ 学習目標を明確にしている
☐ インストラクター向けに、ディスカッションの概要を提供している
☐ 想定される学習者からの質問と、その質問への回答で伝えるべきポイントを明確にしている

マスタリー・ラーニングで行う単元が、次の要件を満たしていることを確認する

☐ インストラクターが実演できるように教材を提供している
☐ 学習者がコンテンツを習得できるように、十分な数の演習が提供されている
☐ それぞれの演習の正答と想定される誤り（学習者がそのアクティビティを行う際にありがちな誤答や犯しやすいミス）について情報提供している

ディスカバリー・ラーニングで行う単元が、次の要件を満たしていることを確認する

☐ 学習目標に直接関連があり、学習者がコンセプトを業務に適用する方法について示唆を与えるような、有意義な演習を提供している
☐ デブリーフィングの仕方の概要を提供している

ハンズオン・エクササイズで行う単元が、次の要件を満たしていることを確認する

☐ 機材とソフトウェアが入手可能
☐ 十分な数の機材とソフトウェアが入手できる
☐ ハンズオン・ラボで次のことが提供されている
　__ アクティビティを紹介する方法についての指示
　__ 学習者に対して出す指示
　__ 演習の実施中に起こることが想定される問題と、それを解消するために学習者をコーチングするための方法
　__ コンピュータ上の見本のファイルやアカウント
　__ アクティビティのデブリーフィングの仕方の概要

### 演習6-1　インストラクショナル・ストラテジーを選択する（続き）

インストラクションなしでパフォーマンスを向上させる単元では、学習者が次の2つがなくてもできることを確認する
☐ トレーニング
☐ 支援

---

**デザインに関わるその他の事柄を考慮する**

コースの初めに、コースを通じて達成したいと思っていることを述べる機会を学習者に提供したか？
　　　☐ はい　☐ いいえ

コースの初めの15分以内に、学習者に能動的に取り組んでもらえるような演習を提供したか？
　　　☐ はい　☐ いいえ

コースの終わりに、学習者がコンテンツをどのように業務と統合させる予定なのか、振り返る機会を提供したか？
　　　☐ はい　☐ いいえ

コースの終わりに、トピックの要約ではなく、記述的な要約を提供したか？
　　　☐ はい　☐ いいえ

---

　この章では、いくつかのインストラクショナル・ストラテジーを紹介し、使うストラテジーを選ぶ方法について解説しました。次の第7章では、クラスルームまたはワークブックを使って教えるコースで用意しなければならない具体的な教材について確認します。

# 第7章

# コースの教材開発の基本

### この章の内容

この章では、クラスルームのコースやワークブックを使ったコースの教材を開発する方法について解説します。具体的には、次のことについて説明します。

▶ 受講者用の手引書とインストラクター用の手引書の作成の基本
▶ ワークブックの作成の基本

加えて、章末にあるワークシートを使って、クラスルームのコースやワークブックを使ったコースで作成する必要のある教材を明らかにすることができます。最後に、この章はこれらの教材をつくるために、どのようにコンテンツを選ぶのかについてのみ焦点を当てていますので、その点は留意してください。学習教材をデザインし、書き上げ、製作する方法については、8章で説明しています。

## はじめに

　コンテンツをどのように提供するかについての計画が定まったら、コースの教材を開発し始めることができます。具体的に作成する教材は何かということは、クラスルームのコースと、ワークブックを使ったコースのどちらを開発しているのかによって異なります。

- クラスルームのコースの場合は、2種類の教材のセットを開発する。1つは学習者用の基本的なセット、もう1つはインストラクター用の注釈のついたセット
- ワークブックを使ったコースの場合は、受講者向けのワークブックを開発する。受講者向けのワークブックだけで完結する場合もあれば、指導者向けの注釈のついたバージョンを開発する場合もある

この章では、両方のタイプのコースで必要とされるコンテンツの作成方法について解説します。まず、それぞれのコースに、必要な教材の種類を明らかにします。さらに、講義やケーススタディといった具体的なアクティビティのタイプによって、開発する必要がある教材を明らかにします。続けて8章では、学習教材をデザインし、書き上げ、製作する方法について説明します。

## クラスルームの教材作成の基本

クラスルームのコースに向けて準備する際は、2種類の教材を作成します。

- 受講者用の手引書。通常の場合、スライドなどのビジュアルのコピー、演習、補足情報（関連記事、ファクトシート[※1]、ジョブエイド）などで構成される
- インストラクター用の手引書。コースのビジュアルのコピーに注釈を加えたものが含まれる。これらのメモは、講義中にインストラクターが何を話すべきかを示す。また、インストラクター用の手引書は、学習者に提供される教材内容に加え、演習の提示の仕方、演習の運営方法、デブリーフィングの仕方など、演習の指示が注釈で書かれている

この後、受講者用の手引書とインストラクター用の手引書のつくり方を解説していきます。受講者用の手引書のつくり方では、ビジュアル、演習、補足情報の作成の仕方を扱います。インストラクター用の手引書の作成については、事前準備の指示、注釈のついた講義のビジュアル、アクティビティの

運営に関する指示を扱っていきます。アクティビティの運営については、一般的なディスカッション、ケーススタディ、ハンズオン・エクササイズ、教育ゲームについて、それぞれ個別に解説します。

> **補足説明**
>
> この章では、コースを開発するにあたって、学習者やインストラクターに提供する必要のある指示内容や教材の種類にのみ焦点を当てていますが、教材に入っている具体的なコンテンツが学習目標に直接つながっているかどうかを常に確認しましょう。1つ、あるいは複数の学習目標に直接対応していないアクティビティは、コースの最終的なゴールから学習者の注意をそらしてしまいます。言い換えると、仮に素晴らしいケーススタディがあったとしても、それが学習目標に直接関連しない場合は、そのケーススタディは学習者が目標を達成する助けにならないので、別のアクティビティを選ぶようにしましょう。

## 基本的な受講者用の手引書の作成

受講者用の手引書は、学習者がコースを完了するのに必要な教材内容を提供します。手引書は、次のものを含みます。

- ビジュアル。これは、クラスルームで議論される内容の記録
- 演習を完了するのに必要な教材
- 演習と仕事場面の両方、あるいはいずれかで使う可能性のある補足情報

> **基本原則 20**
>
> 受講者用の手引書は、学習者が講義で使用し、業務においても参照できる、自己完結したパッケージです。

### ビジュアルを作成する

企業におけるほとんどのトレーニング・コースで、基軸となるのがビジュアルです。ビジュアルは、コースの要点を伝えるスライドなどです。学習者にとって、ビジュアルは次のように役立ちます。

163

- キーワードの記録を提供することで、学習者がクラスの最中にキーワードを追うことができる。学習者の注意がそれたときに（これは、学習者はインストラクターが話す3倍、4倍のスピードで理解することができるので、ありがちな状況である）、キーワードによって、話されていることに再度意識を戻すことができる
- 視覚的に要点の階層構造を示すことで、学習者がさまざまな要点の相互の関連性を理解することができる
- 要点を視覚的に伝えることができる（たとえば、セキュリティー・ポリシーに関するコースのスライドに「機密資料」というラベルのついた文書の写真を載せることで、学習者は、印刷された文書の中の機密資料を識別する方法について、正確に知ることができる）

別の言い方をすると、ビジュアルは要点を強調し、クラスルームでのアクティビティを補足するためのものです。コースの内容の議事録ではありませんが、最もそれに近いものではあるので、学習者は仕事に戻ってから参照するために、ビジュアルのコピーを欲しがります。

**基本原則 21**

ビジュアルは、クラスで教えた内容を思い出すためのものであり、台本ではありません。したがって、ビジュアルに載せるコンテンツの量には注意してください。

一般的なスライドは、図表7-1に示されているような標準的な構造になっています。スライドには2つの主要な部分があります。見出しとコンテンツ領域です。見出しでは、3つから5つの単語で、そのスライドの目的を明らかにします。コンテンツ領域には、多くの場合箇条書きや視覚的なイメージで、スライドの目的に関するキーワードを入れます。コンテンツは、言葉あるいは視覚的なイメージ、もしくはその両方で構成されます。

スライドは、クラスで話されていることの記録となるものですが、講義の議事録ではありません。前述の通り、キーワードしか載っていません。スピーチによるコミュニケーションの専門家は、次のガイドラインを提言しています。

**図表7－1　スライドの標準的な構造**

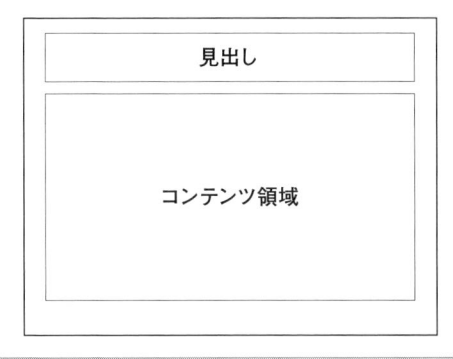

```
┌─────────────────────────────┐
│  ┌───────────────────────┐  │
│  │        見出し         │  │
│  ├───────────────────────┤  │
│  │                       │  │
│  │                       │  │
│  │      コンテンツ領域   │  │
│  │                       │  │
│  │                       │  │
│  └───────────────────────┘  │
└─────────────────────────────┘
```

▶ 見出しを含めて、スライドに載せる単語の総数は35個までに限定する
▶ 見出しは5単語以下に収める
▶ 箇条書きの数は1枚のスライドにつき5個までにする。必要な場合は7つまでは入れてもよいが、7つは超えないようにする。7つよりも多い箇条書きは、学習者にとって多すぎる量である
▶ それぞれの箇条書きは、7単語以下に収める
（※欧文表現の場合のみに適応される内容です）

　インストラクターは、何枚のスライドを必要とするでしょうか。クラスルームで実際にそれを使って講義を行うまでは、インストラクターがクラスの時間内に何枚のスライドを教えられるのか、正確な枚数を知る方法はありません。しかし、皆さんの過去の経験や他のインストラクターの経験をもとに、コースに適切なスライドの枚数を見積もることができます（図表7－2）。この後のセクションで、一般的なガイドラインを説明しています。
　また8章でも、スライドのデザインやコンテンツの編集についての提案を行い、スライドの作成についての説明が続きます。

**図表７－２　使うスライドの数の決定**

| コースの時間 | 時間あたり予定枚数 | スライドの枚数の見積もり |
|---|---|---|
| 合計8分未満 | 1分につき1枚 | 8枚未満 |
| 8〜30分 | 3分につき1枚 | 4〜10枚 |
| 30〜90分 | 3〜5分につき1枚 | 6〜30枚 |
| 90分超 | 8〜10分につき1枚（クラスでのディスカッションやアクティビティはスライドを使わないが、その時間を含む） | 10枚以上 |

**演習と補足情報の作成**

　受講者用の手引書のこの部分では、まず演習やその他のアクティビティを完了するのに必要な情報を学習者に提供します。それから、学習者が仕事で役立てることができるような補足情報を提供します。

　演習やその他のアクティビティを完了するために、次の教材や情報が必要です。

▶ アクティビティの目的を明確な言葉にして、見出しで明示する
▶ ケーススタディやそれに似た演習では、学習者は次の情報を必要とする
　1. ケースをレビューするための指示
　2. 解答の元となるケースや背景情報
　3. 解答が求められる設問、記入用紙、ケースに解答するためのその他の似たような教材
▶ ハンズオン・エクササイズでは、次のものを提供する
　1. パスワード、ユーザーIDなど、ソフトウェアや機材を使用するために必要な情報
　2. アクティビティを完了させるために必要な段階ごとの指示
　3. 問題が発生しやすい箇所を切り抜けるためのヒント
　4. うまく完了できている状態を示す図
　5. よくある間違いを示す図と、その間違いの原因

図表7-3は、マネジメントのトレーニング・コースにおける演習の例です。

**図表7-3　演習の例**

**演習1：採用の話し合い**

指示：
1. 次のシナリオを読んでください
2. マネジャーが、状況に適切に対処したか否かを示してください
（現実のビジネスの世界でもマネジャーは選択を迫られますので、それと同様にあなたも選択肢の1つを選ばなければなりません）

| マネジャーの対応 | この行動が適切か否か（「わからない」という解答はないので、いずれかを選ぶ） |
|---|---|
| ビルは、大手ソフトウェア製作会社の開発研究所にある、5つのテクニカル・コミュニケーション部門のうちの1つをマネジメントしています。開発研究所は、主要大都市圏から2時間の距離にある人口5万人の地域にあります。ビルが、主要大都市圏にある主要な大学のテクニカル・コミュニケーション・プログラムの4年生のクラスに対して講義を行っているとき、生徒からSGML言語について質問がありました。ビルは「これを知らないのであれば、我々は君を採用することを考えもしないよ」と答えました。 | □ 適切<br><br>□ 不適切 |
| フィリスは、ほとんどが40代以上である女性10人と男性2人のドキュメンテーション部門をマネジメントしています。最近、リッチという気が強い24歳の男性に採用の二次面接を行いました。彼は仕事をこなす能力が十分にあり、採用後は最も緊密に業務を行う予定である主要なライターのジェシカも、彼とうまく仕事ができそうだと思っているようです。しかし、フィリスは面接の中でリッチが少し強引であると感じ、「割れたガラス（危ない人）」をたくさんマネジメントしなければならなくなることを恐れて、彼を採用しないことにしました。 | □ 適切<br><br>□ 不適切 |

Reprinted with permission from Saul Carliner. 1998-2002. All rights reserved.

　補足情報では、学習者が業務に戻ったときに役立ちそうな資料を提供します。これらの資料は、クラスで使うこともあります。
　補足資料として何を提供すべきでしょうか？　的確な補足資料というのは、さまざまですが、図表7-4は学習者の役に立つかもしれない補足資料を提案しています。

### 図表7-4 学習者に提供する補足資料

| トレーニングの種類 | 提供する補足情報 |
|---|---|
| 製品トレーニング | ●パンフレットやファクトシートなどの製品情報<br>●製品を試用した顧客の声<br>●製品エンジニアやプログラマーの技術論文（著作権のかかった記事は、転載の許可を得た後で）<br>●サービス担当者をトレーニングする場合は、クラスで演習を完了するために必要な参照資料、たとえばその業務で広く使われている情報が一覧になった簡易の参照シートなどを提供する |
| マーケティングのトレーニング | ●セールス・テクニックに関する記事や、自社の製品ラインについてのマーケティング雑誌の記事（著作権のかかった記事は、転載の許可を得た後で）<br>●簡単に参照できる、製品についての資料 |
| マネジメント開発 | ●会社の方針のコピー<br>●帳票類のコピー（必要があれば）<br>●会社の社内報や社内誌から有名媒体まで、マネジメントについて書かれている記事（著作権のかかった記事は、転載の許可を得た後で） |
| 医療トレーニング | ●パンフレットやファクトシートなどの製品情報<br>●製品を試用した顧客の声<br>●医療スタッフや製品エンジニアの技術論文（著作権のかかった記事は、転載の許可を得た後で）<br>●科学雑誌や業界誌の関連記事（これも、転載の許可を得る）<br>●サービス担当者をトレーニングする場合は、クラスで演習を完了するために必要な参照資料を提供する |
| 新しい従業員へのオリエンテーション | ●従業員規定のハンドブックのコピー（組織にあれば）<br>●従業員ベネフィットの情報（まだ、情報が配布されていない場合）<br>●会社の製品、サービス、沿革に関する情報 |
| 製造のトレーニング | ●製造プロセスにおいて、スタッフが必要とする参照資料<br>●スタッフが製品についてまとめた情報 |
| 安全のトレーニング | ●業務における安全について思い出すために、職場で掲示する貼り紙、警告、その他の似たようなジョブエイド |

### 受講者用の手引書をまとめる

受講者用の手引書を構成する、ビジュアル、演習、補足情報の用意ができたら、1つの「パッケージ」にまとめます。通常は、ワープロソフトやDTPを使って、これらの教材をまとめます。典型的な受講者用の手引書は、次のような構造になっています。

1. タイトル・ページ
2. 目次（多くのワープロソフトは自動的に目次を作成する機能があります。やり方についての情報は、次の章をご覧ください）
3. 版の情報（著作権表示も含む）
4. ビジュアル
5. 演習
6. 補足情報
7. 参考文献やその他の情報源
8. エバリュエーション・シート

補足情報の一部または全部が、すでに出版されている他の情報源から得られる場合も多いでしょう。そのような状況では、受講者用の手引書に転載しないこともあるかもしれません。代わりに、別紙として資料をクラスで配布するとよいでしょう。

## 基本的なインストラクター用の手引書の作成

インストラクター用の手引書では、ビジュアルに注釈をつけて提供します。注釈は、インストラクターがクラスの各セッションを導く手助けとなります。また、演習にも注釈をつけて提供します。注釈は、学習者のアクティビティ完了を助けるヒントだけでなく、インストラクターがアクティビティのデブリーフィングを行う際に役立つ情報も提供します。一般的に、学習者に提供する補足情報には、注釈をつけません。

具体的には、インストラクター用のガイドは、次の情報を含みます。

> **基本原則22**
> インストラクター用の手引書には、コースを運営するのに必要な教材をすべて入れましょう。

1. 事前準備の指示
2. 講義で使うための注釈のついたビジュアル
3. アクティビティを運営するための指示
4. コースを終えるための、締めくくり方の一覧

これらを用意する方法について、この後説明していきます。

**事前準備の指示**

これらの指示は、クラスでのセッションを準備するためのTo-Doとして機能します。具体的には、デモンストレーションやアクティビティで必要な教材、コースで使うソフトウェアやファイル、その他、クラスを運営するために必要な教材の一覧を提供します。また、これらの教材をどこで見つければよいのかもインストラクターに伝えます。

**講義のための注釈のついたビジュアル**

注釈のついたビジュアルは、そのスライドに関連する説明を行うための手引きとなるメモを含みます。図表7－5は、注釈つきのスライドの例です。

コース・デザイナーやデベロッパーの多くは、スライドの箇条書きのそれぞれについてメモ書きを提供します。ただし、インストラクターが暗記するとは考えにくいので、一言一句決められたような台本は避けましょう。さらに重要なことに、インストラクターが一言一句決められた台本に依存してしまうと、自分の経験をもとに何か教材をつけたすことに消極的になるかもしれません。また、それぞれの箇条書きにメモを提供するだけでなく、講義中に出てくる可能性が高い質問とそれに対する回答も提案しましょう。

### 図表7-5　注釈つきのスライドの例

```
┌─────────────────────────────┐
│   インセンティブを確認する    │
├─────────────────────────────┤
│  • 給与とベネフィット        │
│  • 契約時ボーナス            │
│  • 特別休暇                  │
│  • トレーニング              │
│                       ￥    │
└─────────────────────────────┘
```

---

ノート

- **インセンティブを確認する**：最終的な給与だけでなく、提供される全体のパッケージが重要
- **給与とベネフィット**：給与の優位性も大事だが、ベネフィットが積み重なることも大事。医療費の部分負担はあるか？　フレックスタイムはどうか？　看護や介護などの特別休暇はどうか？
- **契約時ボーナス**：人気がある。基本給を上げずに、低い賃金に対する穴埋めができる
- **特別休暇**：経験のある従業員に特に活用できる。経験のある従業員は、転職して会社を変えたときに未消化の休暇を失ってしまうことを懸念している場合が多い
- **トレーニング**：多くの研究で、新しいスキルを開発できると、新しい従業員を引きつけることができるということが示されている。このことにコミットしていることを示す1つの方法は、約束されているトレーニングの量を示すことである

【想定される質問】
私の会社では、このようなことを確認する意思がないのですが、私に何ができますか？
回答：採用の第一候補だった人が、明らかにこれらの事柄が理由となって入社を断ったという事例を文書に残しておきましょう。それにより、HRが組織の方針を確認すべきであることを証明しましょう

---

### 補足説明

マイクロソフトのパワーポイントやアップルのキーノートといったプレゼンテーションソフトウェアを使う場合は、スライドをつくりながら、注釈をつけることができます。スライドの「ノート」を表示してつくります。スクリーン上に、こうした情報を打ち込むことができる「ノート」というスペースが出てきます。

**アクティビティを運営するための指示**

　アクティビティでは、通常の場合、インストラクターは受講者に比べてかなり多くの情報を必要とします。たとえば、インストラクターは、アクティビティを始めるために、アクティビティの準備をし、受講者にアクティビティを紹介する方法についての指示を必要とします。
たとえば、ケーススタディを始めるための次の指示を考えてみてください。

　　　まず、受講者用の手引書で、アクティビティの該当ページ番号を指示します。次に、学習者を大体5人のチームに分けます。その後、学習者にケースについてディスカッションする時間を15分間与えます。

　アクティビティを行っている間は、出てくる可能性のある問題を解決する方法についての情報、正しい解答、想定される誤答とその修正方法についての情報を必要とします。
　アクティビティを終えるときに、インストラクターはデブリーフィングのディスカッションを行うための手引きも必要とします。図表7－6は、ケーススタディのアクティビティをデブリーフィングする際のインストラクター用の手引書の例を示しています。
　アクティビティを運営するためのアプローチの具体的な方法は、行うアクティビティによってさまざまです。図表7－7は、一般的な4つの教育アクティビティである、ジェネラル・ディスカッション（general discussion：全体討論）、ケーススタディ、ハンズオン・エクササイズ、教育的なゲームに必要な教材の種類について説明しています。


**締めくくり方の一覧**

　このパートでは、クラスを終えるために、インストラクターが行わなければならないアクティビティについて説明します。このアクティビティの中には、テストの評価（必要であれば）、学習者への資料の返却（必要であれば）、学習者への事後フォローの実施（依頼があれば）が含まれます。

### 図表7－6　デブリーフィングの手引書の例

ビルのケースのデブリーフィング

ケース：ビルは、大手ソフトウェア製作会社の開発研究所にある、5つのテクニカル・コミュニケーション部門のうちの1つをマネジメントしています。開発研究所は、主要大都市圏から2時間の距離にある人口5万人の地域にあります。ビルが、主要大都市圏にある主要な大学のテクニカル・コミュニケーション・プログラムの4年生のクラスに対して講義を行っているとき、生徒からSGML言語について質問がありました。ビルは「これを知らないのであれば、我々は君を採用することを考えもしないよ」と答えました。

1. ビルの行動が適切だと考えた人に挙手してもらう。次に、ビルの行動が不適切だと考えた人に手を挙げてもらう
2. ビルの行動が適切だと考えた人に、そう考えた理由を説明してもらう
   **想定される答え**：これらのスキルは、仕事で必要なスキル。採用プロセスをはじめとして、期待することに関しては明確にしなければならない
3. ビルの行動が不適切だと考えた人に、そう考えた理由を説明してもらう
   **想定される答え**：スキルは仕事にとっては二次的なもの。ビルの発言によって、このスキルをもっていない、良い人材を追い払うことになってしまうかもしれない。小規模な地域での仕事に、大都市圏の若い人材を採用するのは難しい

学習ポイント

- 学習者が全体像を知らないということを認める。実際には、このプログラムを卒業する学生の獲得をめぐって、激しい競争がある
- ビルが本当に必要としているスキルはコミュニケーション・スキルであることに留意する。SGML言語は、仕事を遂行する際に必要となるツールにすぎない
- スキルをもった労働者がたくさんいた頃は、技術的なスキルを不必要に求めることが多かった
- 仕事を遂行する上で本当に必要となるスキルではなく、ソフトウェアのスキルの有無で採用を決定することで、ビルは、そのスキル以外の要件を満たしている人について考慮していない可能性がある
- 採用のプロセスに入る前に、職務に求められる要件をレビューし、ジョブ・ディスクリプション（job description：職務記述書）が、本当にニーズ（部署の目的）に合った人材を引きつける書き方になっているかどうかを確認する

図表7-7 アクティビティを運営する

| | アクティビティの紹介 | アクティビティの運営 | アクティビティ終了後のデブリーフィングの運営 |
|---|---|---|---|
| ジェネラル・ディスカッション | ●アクティビティが学習目標とどのように関連しているのかを説明する | ●ディスカッションの質問を提供する<br>●受講生の解答を想定し、インストラクター用の手引書に入れる<br>●想定される解答に対する、返答の仕方をインストラクターに提案する | ●学習ポイントを分類し、強調する。学習ポイントを明確にした上で、追加の資料とともに学習ポイントの詳細を提供してもよい。たとえば、職場における規律の問題への対処方法についてディスカッションを行っている場合は、デブリーフィングのときに、態度の問題に対する最も一般的な対策や、態度の問題が恒常的にみられた場合の組織の対応方針について情報提供するかもしれない。これらの教材内容は、ビジュアルに載せて提供してもよい |
| ケーススタディ | ●アクティビティが学習目標とどのように関連しているのかを説明する<br>●受講者の解答を導く質問が表記されている箇所を指示する（そのような質問があれば）<br>●解答の形式を提示する（特定の形式が求められている場合） | ●ケーススタディのコピーを学習者に配布する<br>●学習者をグループに分けて、ケースをレビューするディスカッション・グループを形成する（必要があれば） | ●ケースの正しい解答を示す（ただし学習者に配布はしないことが多い）<br>●デブリーフィングのためのディスカッションの手引きをインストラクターに提供する。次の順番で実施する<br>1. アクティビティから得られた具体的な体験を話し合う<br>2. アクティビティと学習経験に対して、学習者がどう感じたのかについて深める<br>3. 演習から得られた重要な学習ポイントを明らかにする<br>4. 学習ポイントを分類し、強調する。ポイントを明確にした上で、資料とともに学習ポイントの詳細を提供してもよい。たとえば、このケーススタディでビジネス戦略について扱っていた場合は、このときのデブリーフィングでは、ビジネス戦略を計画する際に検討すべき3つの原理を挙げるかもしれない。これらの教材内容は、ビジュアルに載せて提供してもよい |

第7章　コースの教材開発の基本

### 図表7-7　アクティビティを運営する（続き）

| | アクティビティの紹介 | アクティビティの運営 | アクティビティ終了後のデブリーフィングの運営 |
|---|---|---|---|
| ハンズオン・エクササイズ | ●ハンズオン・ラボの目的を説明する。この説明は、演習の全体的な目的だけでなく、演習がコース全体のゴールや単元の目標にどのように当てはまるのかを説明しなければならない<br>●ハンズオン・ラボを行うための指示を提供する<br>●必要であれば、アクティビティのデモンストレーションをする<br>●必要であれば、学習者をグループに分ける | ●学習者に実施の指示のコピーを配布する<br>●提供した指示のそれぞれのステップで、想定される問題と、それを解消するために学習者をコーチングする方法をインストラクターに提供する<br>●学習者がコンピュータにあらかじめ用意されている教材を使う必要がある場合は見本のファイルを提供する<br>●学習者がコンピュータのコンテンツにアクセスできるように、アカウントとパスワードを手配する。これらのアカウントは多くの場合、他のリソースへのアクセスが制限されており、学習者が機密情報にアクセスしたり、アクティブなファイルで作業してしまって組織で進行中の業務に影響を与えたりすることがないようにする。たとえば、新しい会計管理ソフトのコースの場合、架空の顧客名でコンピュータに見本のファイルをインストールするでしょう。万が一、学習者が間違えたとしても、この間違いによって本当の顧客の会計には影響しないようにするのである。または、学習者が早めに終えて退屈していたとしても、このような情報にアクセスすることができないようにする | ●結果をレビューする。うまく完了した場合の視覚的な模範例も含む<br>●学習者が何をしたのかを聞く。うまくできたところと、誤ってしまったところを聞く<br>●実際の状況でタスクを行う際の示唆を提供する |

図表7-7　アクティビティを運営する（続き）

| | アクティビティの紹介 | アクティビティの運営 | アクティビティ終了後のデブリーフィングの運営 |
|---|---|---|---|
| 教育ゲーム | ●アクティビティが学習目標とどのように関連しているのかを説明する<br>●ゲームの実施の指示を提供する<br>●参加者をグループに分ける（必要があれば） | ●学習者への指示に注釈がついたものをインストラクターに提供する。そのメモ書きでは、問題が起こりそうな箇所を特定し、その問題を解消するために、インストラクターが学習者に提供できる示唆を入れる<br>●必要に応じて、ゲーム盤、カード、サイコロ、駒などの、ゲームで使う教材を提供する | デブリーフィングのためのディスカッションの手引きをインストラクターに提供する。次の順番で実施する。<br>●ゲームから得られた具体的な体験を話し合う<br>●アクティビティと学習経験に対して、学習者がどう感じたのかについて深める<br>●演習から得られた重要な学習ポイントを明らかにする<br>●ケーススタディのときと同じように、学習ポイントを分類し、強調する |

## インストラクター用の手引書をまとめる

　インストラクター向けのメモとアクティビティを運営するための指示を作成したら、それをインストラクター用の手引書にまとめます。通常は、ワープロソフトやDTPを使って、これらの教材をまとめます。典型的なインストラクター用の手引書は、次のような構造になっています。

1. タイトル・ページ（受講者用の手引書と同じですが、「インストラクター用の手引書」という言葉をカバーに入れる）
2. 目次（多くのワープロソフトは自動的に目次を作成する機能があります。やり方についての情報は、次の章をご覧ください）
3. 版の情報（著作権表示も含む）
4. 事前準備の指示
5. インストラクター向けのメモが入ったビジュアル
6. アクティビティ。受講者用とインストラクター用の両方を入れる（デブリーフィングを進行するための手引きも入れる）

7. 締めくくり方の一覧

## ワークブックのコースの教材作成の基本

ワークブックのコースの教材内容には、次のものが含まれます。

- ▶ 講義。通常の場合、注釈付きのスライドの形で提供する。クラスルームのコースで使うインストラクター用の手引書に入れるスライドと似ているが、完全な文章や本のような語り口で書かれている
- ▶ 演習とアクティビティ
- ▶ 演習とアクティビティに対する解決策（クラスルームのコースで使うインストラクター用の手引書に記述されている内容と近いが、学習者向けに書かれている）
- ▶ 補足情報

ワークブックのコースの教材作成は、クラスルームのコースの教材を作成するときと多くの点で似ていますが、いくつか調整も必要です。図表7-8は、ワークブックのコースの構造を提示した上で、それぞれの教材の作成方法について、クラスルームのコースと異なる点を示しています。

> **基本原則23**
>
> ワークブックのコースの場合、学習者は指示や指導の情報源が他にないので、コースを完了するために必要な教材内容はすべてワークブックに入れます。

**図表7−8　ワークブックのコースの構造**

| 項目 | 準備の仕方 |
|---|---|
| タイトル・ページ | クラスルームのコースと同じ。 |
| 目次 | クラスルームのコースと同じ。 |
| 版の情報 | クラスルームのコースと同じ。それ以外にも、ワークブックで使われている登録商標があれば、その一覧も入れる。 |
| ビジュアルやその他の方法でのコンテンツ提供 | この部分の教材内容の提供の仕方は、組織によって異なる。<br>●ビジュアルにメモを入れて提供する。メモ書き程度のインストラクター用のメモとは異なり、受講者用のワークブックのビジュアルにメモを加える場合は、完全な文章で、完全な内容を書く<br>●マニュアルを書くような形で、教材内容を記述する。（その際、学習者は教材内容を読むときに、インストラクターと直接連絡が取れるわけではないことに留意する。支援がなくても、ほとんどの学習者が1度読んだだけで理解できるくらいに明確になっていることを確認する） |
| 演習 | ワークブックのコースでは、インストラクターと直接連絡が取れないため、クラスルームのコースでインストラクターに提供されるような詳細な指示が提供される。ワークブックには次のものも含まれる。<br>●演習の正解<br>●問題が発生しやすい箇所を切り抜けるためのヒント<br>●演習に関するメモ。これは、クラスルームのコースでデブリーフィングの際に提供するコメントを要約したもの |
| 補足情報 | クラスルームのコースと同じ。 |
| 参考文献やその他のリソース | クラスルームのコースと同じ。 |
| エバリュエーション・シート | エバリュエーションを提出する方法についての指示（メールの宛先やURLなど）を提供する。学習者がエバリュエーション・シートを郵送する必要がある場合は、プロセスを簡易にするために、封筒に住所を書いておき、郵便料金の支払いをあらかじめ済ませておく。 |

### 実践に向けて

コースで作成する教材は、そのコースがクラスルームで行うものなのか、ワークブックを使ったものなのかによって異なります。クラスルームのコースでは、ビジュアル、演習を行うための指示、補足情報の入った受講者用の手引書を作成します。また、インストラクターが講義で使う注釈つきのビジュアル、演習を運営するための注釈つきの指示を含むインストラクター用の手引書も準備します。

ワークブックのコースは、クラスルームのコースで作成する教材と似たような教材を含みますが、インストラクターが関与しなくても学習者が使えるように作成します。

インストラクションの媒体がどの形であっても、すべての学習教材やアクティビティは、コースの学習目標に直接関連していなければなりません。学習目標に関連しない教材やアクティビティは、学習目標から学習者の注意をそらしてしまい、習得を難しくしてしまいます。

演習7－1は、皆さんがコースの教材の開発に関して意思決定する際の指針として使ってください。皆さんが対応すべき事柄についてのチェックリストを提供しています。

## 演習7－1　コースの教材を準備する

| クラスルームで行うコースの教材を準備する | |
|---|---|
| 受講者用の手引書の作成 | **ビジュアルの作成**<br><br>・見出しをつける<br>　　　□はい　□いいえ<br><br>・1ページの単語数を 35 個以下にする<br>　　　□はい　□いいえ<br><br>・コンテンツの議事録ではなく、記録を提供する<br>　　　□はい　□いいえ<br><br>**演習と補足情報の作成**<br><br>・演習の目的を説明する見出しをつける<br>　　　□はい　□いいえ<br><br>・アクティビティを完了するための指示を提供する<br>　　　□はい　□いいえ<br><br>・問題が発生しやすい箇所を切り抜けるためのヒントを提供する<br>　　　□はい　□いいえ<br><br>・補足情報を記録するための用紙を提供する（必要であれば）<br>　　　□はい　□いいえ<br><br>**受講者用の手引書をまとめる**<br><br>・手引書の初めにタイトル・ページ、目次、版の情報を入れる<br>　　　□はい　□いいえ<br><br>・手引書の終わりに参考文献の一覧、エバリュエーション・シートを入れる<br>　　　□はい　□いいえ |

## 演習7－1　コースの教材を準備する（続き）

| クラスルームで行うコースの教材を準備する | | |
|---|---|---|
| インストラクター用の手引書の作成 | **事前準備の指示の作成** <br> ・音響映像機器の要件、その他の必要な機材やソフトウェア、部屋の設営、ハンズオン・エクササイズの準備についての情報を入れる <br> 　　　　□はい　□いいえ <br><br> **注釈のついた講義のビジュアルの作成** <br> ・一言一句について決められたような台本ではなく、メモ書きになっている <br> 　　　　□はい　□いいえ <br><br> **アクティビティの運営に必要な指示の作成** <br> 次の内容を入れる <br> ・アクティビティを紹介するための教材 <br> 　　　　□はい　□いいえ <br><br> ・アクティビティ実施の指示に注釈がついたもの。問題が発生しやすい箇所を切り抜けるために、インストラクターが学習者に提供できる示唆についても含める <br> 　　　　□はい　□いいえ <br><br> ・正しい結果や解答についての説明や描写 <br> 　　　　□はい　□いいえ <br><br> ・アクティビティ終了後のデブリーフィングを進行する際の指示 <br> 　　　　□はい　□いいえ <br><br> **インストラクター用の手引書をまとめる** <br> ・手引書の初めに、タイトル・ページ、目次、版の情報を入れる <br> 　　　　□はい　□いいえ <br><br> ・手引書の終わりに締めくくり方の一覧を入れる <br> 　　　　□はい　□いいえ | |

### 演習7-1　コースの教材を準備する（続き）

| ワークブックのコースの教材を作成する | |
|---|---|
| ワークブックを作成する | 次の内容を入れる<br><br>・タイトル・ページ<br>　　□はい　□いいえ<br><br>・目次<br>　　□はい　□いいえ<br><br>・版の情報（著作権表示も含む）<br>　　□はい　□いいえ<br><br>・完全な語り口調で説明がついているビジュアルや、その他の方法での学習コンテンツの提供<br>　　□はい　□いいえ<br><br>・演習。これは、演習の内容だけでなく、問題が発生しやすい箇所を切り抜けるためのヒントや正解についても書かれている<br>　　□はい　□いいえ<br><br>・補足情報<br>　　□はい　□いいえ<br><br>・参考文献やその他の情報源の一覧<br>　　□はい　□いいえ<br><br>・エバリュエーション・シート<br>　　□はい　□いいえ |

※ 本文に則り、翻訳時に再編集

　この章では、クラスルームで行うコースやワークブックを使ったコースにおいて、開発しなければならない具体的な教材を明らかにしました。第8章では、ワープロソフトやDTPを使って、これらの教材を書き上げ、デザインし、製作するための具体的な提案をします。

---

1. ファクトシート（fact sheets）：特定のテーマに関連する統計データや図表などをわかりやすくまとめた資料のこと。

# 第8章

# 学習教材の製作の基本

---

### この章の内容

この章では、クラスルームのコースやワークブックを使ったコースの教材を製作（production）する方法について解説します。具体的には、次のことについて説明します。

- ▶ 学習コンテンツを伝達するための基本的なテクニック
- ▶ ビジュアル製作の基本
- ▶ ワークブック製作の基本
- ▶ 製作プロセスの基本

加えて、章末にあるワークシートが、これらのコース教材を製作するプロセスの指針となります。

---

※ 本章で紹介している詳細な方法の中には、原書が発行された時点のものがあり、現在はそぐわない内容もあります。また、欧文表現の場合のみに適応される内容もあります。編集判断で一部削除した箇所もあります。

## はじめに

製作というのは、完成したトレーニング教材の原案を学習者が使用できる形式に変換するプロセスです。たとえば、スライドの原案や大量の演習を、受講者用またはインストラクター用の手引書として、製本するプロセスです。

多くの組織で、コース・デザイナーやデベロッパーが、コースの最終版の原本を製作する責任をもっています。この章は、そのプロセスについて解説します。その大部分は、ビジュアルやワークブックのメッセージを最終確定し、デザインする方法について説明しています（ワークブックは、ワークブックのコース向けの単体で成り立つもの、クラスルームのコース向けの補助的なものの双方について、説明しています）。それから、学習者とインストラクターが使う教材を用意するためのステップを説明します。

## 学習コンテンツを伝達するための基本的なテクニック

　学習者はトレーニング・プログラムの内容を知りません。そのため、説明が明確でないと、学習者はコースの終了後に学習目標で定められた内容を習得することができません。また、多くの学習者も、学習目標で定められた内容を習得することに関して、自分の能力にそれほど自信はもっていないでしょう。皆さんが選ぶ言葉や伝えるメッセージが、学習者の自信を高め、フラストレーションを最小限にする助けとなるのです。

　この後、学習コンテンツをできる限り明確かつ支援的な形で提供するためのいくつかの提案をします。

> **基本原則 24**
> 常に明確かつ支援的な形で、コンテンツを伝えましょう。

### コンテンツが学習目標に関連していることを確認する

　このポイントはここまでの章でも述べてきました。しかし、開発プロセスが進むにつれ、コース教材の中に、学習目標と関連のない教材が紛れ込みやすくなります。たとえば、SMEが何かを入れるように依頼し、皆さんがその頼みを聞き入れるかもしれません。また、皆さんが何か興味深いものをみつけて、学習者にそれを共有したくなるかもしれません。こうした教材内容を入れることが善意からであったとしても、それらは学習目標から学習者の注意をそらしてしまい、学習目標の達成をいっそう難しくしてしまうのです。

## 比喩、例、ストーリーを使う

第1章でも述べた通り、成人の学習者は教材内容にある程度のレベルで共感できると、最もよく学習できます。教材内容を共感できるものにする方法の1つが、比喩、例、ストーリーを使うことです。次の例を考えてみましょう。

- ▶ ごくありふれた会話が機密保持違反の原因となることを説明するために、「会話が聞かれたことによって近日発売予定の製品についての情報が業界紙に漏洩したストーリー」を例として入れ込む
- ▶ セキュリティーに関するコースで、ユーザーIDとパスワードを使った二重構造のセキュリティーについて説明するために、「家の鍵」や「警報システム」と比較するかもしれない。このような比較を行うのを「比喩」と呼ぶ
- ▶ 新任監督者向けのコースで、学習者が初めての従業員評価に向けて心の準備をするために、インストラクターが自身の初めての従業員評価の体験について話し、共感を得る

例、比喩、ストーリーを使うと、多くの利点があります。場合によっては、抽象的なコンセプトがより具体的になります。上述の最初の例のように、多くの人は単なる同僚同士の何気ない会話だと思っていても、記者が意図的に盗み聞きして、聞いた内容を報道してしまうことがあるかもしれません。

比喩も似たような働きをします。新しいコンセプト「ユーザーIDとパスワード」をなじみのあるコンセプト「家の鍵や警報システム」と関連させて、提供します。

ストーリーも例と同じような働きがありますが、プレゼンテーションに、さらに人の感情を加えます。3つ目の例のように、「学習者が従業員評価を行う際の感情」と「インストラクター自身が最初に従業員評価を行ったときの気持ち」を重ねることで、学習者が評価を行うときの感情に直接対処することができるかもしれません。

抽象的な要点を具体的にする以外に、トレーニング・プログラム全体を通じて、その例、比喩、ストーリーに立ち返り、それに基づいて議論を発展さ

せることによって、学習を強化することもできます。異なる単元で、同じ例、比喩、ストーリーが出てくることで、学習者にとっては、要点が強化され、コンテンツのカテゴリー同士の関連性が理解しやすなります。同様に、コース・デザイナーやデベロッパーにとっても、異なる単元で、同じ説明、例、グラフィックスを元に、議論を発展させることができるため、学習を強化し、深めやすくなります。本書でも、セキュリティーの手順と管理についてのコースのデザインの例が、何度も登場していることにも気づいていると思います。

## 繰り返しにより学習を強化する

　コース全体を通じて同じ表現や言葉を使うことで、新しいコンセプトに親しみやすくなります。たとえば、単元の初めでコンセプトを紹介するとき、単元の途中で言及するとき、単元の最後に要約するときは、同じ表現を使います。同じ表現を使うことで、学習者は同じ要点を話そうとしていることに気がつきます。例を使うときと同じように、こうした意図的な繰り返しによって学習が強化されます。

## 画像を使って伝える

　実際のところ、言葉よりも視覚的な情報で伝えたほうが効果的に伝わるメッセージがあります。多くの場合、文字情報よりも絵で伝えるほうが理解しやすく、学習者は言葉よりも絵のほうがよく覚えられます。それが可能であり、適切なときは、できる限り文字情報ではなく画像を使いましょう。

　しかしながら、多くのコース・デザイナーやデベロッパーは、言葉を使って伝達するようにトレーニングされているため、視覚的に伝えていくことは難しい課題です。多くのコース・デザイナーやデベロッパーは、効果的に視覚で伝えるには、自分自身で描く力がなければならないと思い込みがちです。しかし、これは違います。むしろ、必要なのは、適切なタイプの画像を選ぶことです。実際の画像の準備は、プロのイラストレーターやグラフィック・デザイナーが手助けしてくれます。言い換えると、皆さんは、自分で実際のグラフィックスの画像はつくらないかもしれませんが、どのような画像が効

果的かを考えることで、画像を活用することができるのです。

具体的に、どのようなときに視覚的なイメージが役に立つのでしょうか。図表8－1はいくつかの例を示しています。

**図表8－1　コースで使う画像を選択する**

| 見せる必要のあるもの | 使う画像のタイプ |
| --- | --- |
| 財務的な数字 | 全体の中での部分の関連を示す（部門予算を示すような）場合は、円グラフを使う。 |
|  | 時間の経過に沿った財務的な数字の変化を見せる場合は、棒グラフを使う。 |
| 時間の経過による傾向 | 棒グラフを使う。これは、ヒストグラムとも呼ばれている。（特定の時点における財務的数値の位置を点で表したものを使うこともある） |
| 製品 | マーケティングのように、セールスの前に行うことを教える際には、写真を使う。 |
|  | トラブル・シューティングのように、セールス後に行うことを教える際には、線画を使う。特に技術的なトレーニングを目的とする場合は、写真は無関係な部分の詳細が見えたり、学習者の注意をそらしてしまうため、線画のほうがわかりやすい。 |
| 順序のあるもの | フローチャートを使う。フローチャートは、1つのポイントから次のポイントへのつながりを示す。 |
| 関連性 | 組織図やマップを使う。 |

## ポジティブで支援的な口調を使う

　学習コンテンツを開発しながら、学習目標を達成するために必要なコンテンツを提供するだけでなく、学習者が「学習目標で定められた内容を習得できる」と信じられるようにモチベーションを高めます。1つの方法は、ポジティブな部分を強調し、支援的な口調を使うという方法です。

　学習者が最終的に、全般的な口調についての評価をするのですが、次に紹介するコミュニケーションのコツは、皆さんの口調がより支援的に聞こえるために役に立つかもしれません。

▶ ポジティブな部分を強調する

コンテンツを提供する際に、「しない」または「ではない」というような言葉を使うと、学習者ができないことを強調することになるので、避けるようにします。代わりに、学習者にできることを強調します。何かをしないようにアドバイスするときは、「避ける」という言葉を使います

▶ 仮定を避ける

学習者の不安を軽減するために、「きっと簡単にできる」「シンプルなことだ」というような仮定表現を使うコース・デザイナーやデベロッパーがいます。これがゴールかもしれませんが、学習者の立場になって想像してみたらどうでしょうか。学習者の中に、コース・デザイナーから「簡単」だと聞いた教材内容なのに、習得するのに苦労した人がいたとします。その教材内容を「簡単」だとラベルづけしたことによって、学習者は簡単なコンテンツですら習得できないと感じ、気分を害するだけです。「簡単」とか「シンプル」という言葉を避けることで、コンテンツに対して学習者がどのように感じるのかを仮定するのを避けることができます

　また、教材内容について学習者がどのように感じるのかを仮定するようなその他の言葉も避けたほうがよいでしょう。たとえば、「これは好きではありませんか？」とか「皆さんが仕事しやすくなりますよ」といったようなことです。これは、学習者の抵抗が大きいと予想される変化を導入するときには言いたくなります。しかし、こうした表現を使うことによって学習者の考えを変えることはできません。むしろ、このような言い方をすることで、従来の考え方をさらに強化してしまうことが多いのです。

## 専門用語を避ける

　ニーズを分析し、学習目標を設定し、コンテンツの提供方法を計画し、SMEと緊密に仕事を進めながら、コンテンツに没頭した後、皆さんはコンテンツについて、簡潔な表現を使った話し方を習得しているかもしれません。こうした簡潔な表現を「テクニカル・ジャーゴン（technical jargon：専門用語）」といいます。

多くの学習者は、まだそのテーマについて習っていないので、こうした用語は知りません。多くの学習者は、知らないことが周囲にわかってしまうことを恐れて、なじみのない用語について、あえてインストラクターに聞いてこないかもしれません。しかし、学習者がトレーニング・プログラムで使われている言葉を理解できないのであれば、専門的なコンテンツも理解することはできません。そして、学習者が専門的なコンテンツを理解することができないのであれば、学習目標で定められた内容を習得することができないのです。

**補足説明**

専門用語を避けることは、学習者に失礼だと言うSMEもいます。これは、善意からのアドバイスではありますが、無視しましょう。学習者の多くは、知らない単語があっても、それをはっきりと言いません。もし、多くの学習者がすでに用語の意味を知っていると思うのであれば、「すでに多くの皆さんがご存知とは思いますが…」あるいは「私たちが同じ定義に基づいて話していることを確認するために…」といった言葉を冒頭に添えて定義することで、そうした状況に対応できます。

そこで、不必要な専門用語の使用はできる限り避けましょう。避けることができないのであれば、トレーニング・プログラムの中で最初に使うときに専門用語を定義しましょう。別の単元まで、その単語を再度使うことがないのであれば、学習者が忘れてしまった可能性がありますので、出てきたときにもう一度定義します。また、受講者用の教材と共に用語集を提供し、学習者が用語の定義を見直せるようにしましょう。

## ビジュアル製作の基本

ここでは、クラスルームのコースにおけるスライドといったビジュアルを見やすく、読みやすく、明確にするためのデザインの仕方について説明します。「見やすく」というのは、ビジュアルを映しているクラスルームで、一番後ろの列に座っていても文字や画像が見えるということです。「読みやすく」というのは、学習者がスライドに載っている画像を簡単に判読することができるという意味です。「明確」というのは、学習者が一度読み通しただけで、メッセージを理解することができるということです。

## ビジュアルの基本的な配置に慣れる

第7章の図表7-1でも示された通り、スライドは一般的に2つの主要な部分に分かれています。見出しの部分には常に見出しのみが含まれますが、コンテンツ領域には次のものが入る可能性があります。

- ▶ 文字情報だけ（箇条書き形式が最も多い）
- ▶ グラフィックスだけ
- ▶ グラフィックスと文字のラベル
- ▶ 文字情報（箇条書きなど）を片側に入れて、グラフィックスを反対側に入れる
- ▶ 図表

## スライドの文字情報の量を制限する

**基本原則 25**
クラスルームの最も遠い隅からでも見やすく、読みやすく、一読しただけで明確になるように、スライドをデザインしましょう。

第7章でも伝えたように、スライドに載っている文字情報は、主要な学習ポイントを思い出すためのものであり、講義内容の議事録ではありません。どのようなスライドであっても、次の基準に合わせましょう。

- ▶ スライド全体の単語数を35単語までに制限する（見出しの単語数も含む）
- ▶ 箇条書きの数は5つまでに絞る
- ▶ 1つの箇条書きに含める単語数を7つまでに制限する

## 箇条書きや番号付きの一覧にする場合は、最低でも2つの項目があるようにする

キーとなるポイントを強調するための最も良い方法は、箇条書きや番号付きの一覧にすることです。ただし、最低でも2項目あることを確認しましょう。2項目ない場合は、通常の段落形式を使います。箇条書きが1つしかない場合は、奇妙な見かけになってしまい、項目が抜けているように見えます。

## 箇条書きでは、並列的な文法構造を使う

並列的な文法構造というのは、それぞれの箇条書きが同じ種類の言葉（動詞もしくは名詞）で始まるということです。異なる構造の箇条書きがあると、それが目につきますが、学習者に伝えたいメッセージから注意をそらしてしまいます。彼らは、メッセージの代わりに「この箇条書きが変なふうに見えるのはなぜだろう？」という疑問に意識が向いてしまうのです。たとえば、図表8-2の3つ目の箇条書きの項目について考えてみましょう。この一覧に合っていないように見えます。

**図表8-2　並列的な構造になっておらず、ぎこちなく見えるスライド**

```
Goals for the Coming Year
（来年度のゴール）

• Grow 10.3 percent next year
  （10.3パーセント成長する）
• Increase sales
  （売り上げを伸ばす）
• Costs（コスト）
• Acquire new companies
  （新たな会社を買収する）
```

## 大文字は慎重に使う

文章でアルファベットの大文字を使い過ぎてしまうのを避けましょう。大文字の使い方については、次のガイドラインを参考にしてください。

▶ 見出しは、各単語の最初の文字を大文字にする。ただし、冠詞（a、an、the など）や前置詞（of、by、to など）は大文字にしない
▶ 箇条書きの最初の単語の最初の文字を大文字にする。固有名詞以外は、他の単語の頭を大文字にしない。固有名詞には、組織の名前、国や人々の名前、部署や製品の名前がある。部署名でも、セールス、エンジニア

リングなど一般的な総称の場合や、コンピュータや医薬品など製品の総称の場合は、大文字にしない

　図表8－3は、正しい大文字の表記になっています。エンジニアリングとセールスはどちらも固有名詞ではないので、大文字になっていません。

**図表8－3　スライドの適切な大文字の使い方**

```
┌─────────────────────────────────┐
│         New Positions           │
│       （新たな人員配置）        │
├─────────────────────────────────┤
│ • Hanson is appointed Vice President. │
│   （ハンソンはバイス・プレジデント）│
│ • Mikush moves to the engineering unit.│
│   （ミクッシュはエンジニアリング部門）│
│ • Fortis takes over the sales unit.    │
│   （フォーティスはセールス部門）      │
└─────────────────────────────────┘
```

## 適切で効果的な文字を使う

　文字についての議論を始めるにあたって、いくつかの専門用語の定義から始める必要があります。なぜならば文字についての話は、幅広い専門用語を使うからです。

▶ 欧文の文字（欧文フォント）は、セリフ体あるいはサンセリフ体に大別される。ブルソー（Brusaw）、アルレッド（Alred）、オリウ（Oliu）は次のように述べている「書体は、セリフがあるかないかによって特徴づけられる。…（中略）…セリフは『文字の最後のひと筆につける小さな突起』である」（2000年）。セリフ体はセリフがついており、サンセリフ体にはついていない（「サン」というのは「ない」という意味）。図表8－4がその例である

▶ タイプフェイス（書体）は、文字のセットに対する特定の見かけやデザインのことであり、タイプフォントは1つのタイプフェイスに沿った文字のセット全体のことである

### 図表8－4　基本的なセリフ体とサンセリフ体の書体例

| セリフ体 | サンセリフ体 |
| --- | --- |
| Century Schoolbook | Arial |
| Georgia | Helvetica |
| Palatino Linotype | *Tekton* |
| Times New Roman | Verdana |
| Bodoni | **Stone Sans** |

---

**監修者補足**

日本語の文字は、「明朝体」と「ゴシック体」に大別される

#### 日本語フォントの書体例

| 明朝体 | ゴシック体 |
| --- | --- |
| ＭＳ明朝 | ＭＳゴシック |
| ＭＳＰ明朝 | ＭＳＰゴシック |
| ヒラギノ明朝 | ヒラギノ角ゴ |
| DFP 行書体 | メイリオ |
| DFP 中楷書体 | HG 丸ゴシックM-PRO |

#### 書体の選び方

日本語の明朝体とゴシック体あるいは欧文文字のセリフ体とサンセリフ体は、選び方により、読みやすくも読みにくくもなります。基本的な選び方は以下のようになります。

▶ 長い文章は太いフォントを選ぶと文面が黒々してしまうため、細い書体の「明朝体」や「セリフ体」を使ったほうが、読み手にストレスを与えません

▶ タイトルや見出しには、区切りを明確にする役割をもちます。したがって、受け手の視認性を高めるため、ゴシック体やサンセリフ体を用いるのが基本となります

**1枚のスライドで使うタイプフォントの数を限定する**

使うフォントは2つまでにしましょう。見出しに1つと、もう1つは本文用（箇条書き用）の活字です（もちろん見出しと本文に同じフォントを使っても構いません）。

**読みやすい文字サイズにする**

文字のサイズはもう1つの検討事項です。文字は、「ポイント」と呼ばれる単位で測ります。1ポイントは、72分の1インチ（0.35㎜）。多くの読み物の文字は、8ポイントから14ポイントの間です。しかし、スライドにはこれとは異なるガイドラインが推奨されています。

▶ 見出しは40〜48ポイント
▶ 箇条書きは32〜40ポイント
▶ キャプション（表題）[※1]や吹き出しは24〜32ポイント

図表8-5は、スライドでの異なる文字サイズの見本を示しています。

**図表8-5　スライドの文字サイズの見本**

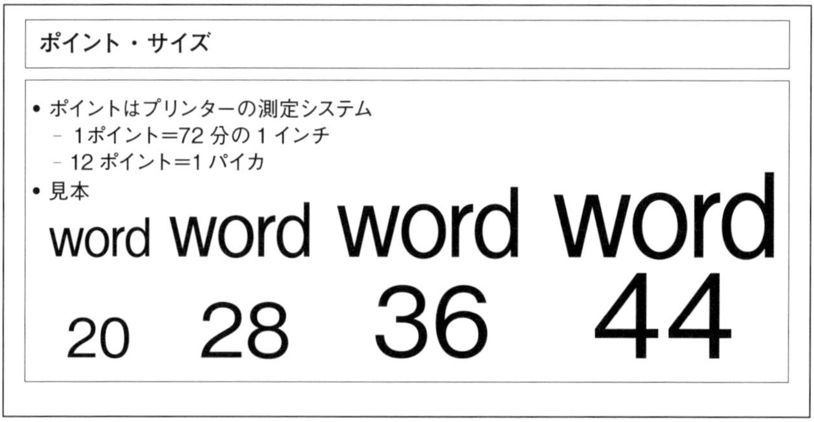

---

ポイント・サイズ

- ポイントはプリンターの測定システム
  - 1ポイント＝72分の1インチ
  - 12ポイント＝1パイカ
- 見本

word　word　word　word
20　　28　　　36　　　44

## 適切な強調文字を使う

　太字（ボルド）や斜体（イタリック）といった強調文字は、その文章への注意を喚起するためのものですが、出版の慣例によって、それぞれの強調文字の使用は特定の場合に限られています。さらに、強調文字を使い過ぎると、当初の意図と反対の働きをしてしまいます。つまり、学習者の注意を集めるのではなく、そらしてしまうのです。こうした理由から、強調文字は図表8－6で提案しているような使い方をしましょう。

## コントラストを使って、文字情報と背景を区別する

　コントラスト（明暗差）を大きくすることで、学習者がスライドの文字や画像を区別しやすくなります。文字や画像とスライドとのコントラストが大きければ大きいほど、学習者にとって読みやすくなります。背景と文字情報のコントラストを大きくしましょう。

## スライドのアニメーションは慎重に使う

　アニメーションは、1枚のスライドでグラフィックスが順番に現れ、画像が動いているかのように見える効果です。アニメーションはコンピュータから直接映し出しているビジュアルでしか使えません。

　最も一般的なアニメーションの技術は、次のものです。

▶ 文章を1行ずつ表示することで、クラスの議論を一度に1つのポイントに集中させることができる
▶ プロセスにおける動きを見せる
▶ スライドを切り替える

### 補足説明

アニメーションの使い過ぎに注意しましょう。すぐに、気が散り、いら立つ原因になります。音の出るアニメーションにもいら立つことがあります。たとえば、切り替えるときの効果音や、1行を表示するときに出てくるタイピング音のようなものがあります。また、文章を1行ずつ表示する方法を使い過ぎるのも、いら立つ原因となります。すべてのスライドで使うと、議論を集中させる効果が薄れてしまいます。

**図表8-6　特別な文字をいつ使うのか**

| | |
|---|---|
| 太字<br>(Bold：ボルド) | 太字は見出しに使われる。これは図表の表題やその他のキャプションも含む。 |
| 斜体<br>(Italic：イタリック) | 斜体は出版物（本、ビデオ、CD、ソフトウェア）のタイトルを示す（たとえば *The Grapes of Wrath*）。また、イタリックは、英語以外の言語で、まだ標準的に使われていない言葉にも用いる（たとえば *Detente*）。 |
| 下線（Underscore：アンダースコア） | 最近は、文字に下線をつけると、ハイパーリンクがあることを示すようになっているので、使わないようにする。 |
| 色<br>(Color：カラー) | 印刷されたテキストは、黒を使う。青は、下線と合わせてハイパーリンクを示すことがあるので、青文字は避ける。 |
| すべて大文字<br>(All caps：<br>　オールキャップス) | 略号や頭字語以外は、すべて大文字で表現するのは避ける。この方法は、文章を強調することに関して2つの理由で失敗する。身体的な理由としては、学習者が大文字を識別するのが難しいため、大文字だけで書かれた文章を読むほうが、大文字と小文字が混ざって書かれている文章を読むよりも難しいということ。感情的な理由としては、学習者がすべて大文字になっている部分について、怒鳴りつけられていると感じることが多いということがある。 |

## ビジュアルを配布資料として用意する

　参加者は配付資料として、ビジュアルのコピーをもらうことを期待しています。マイクロソフトのパワーポイントのようなソフトウェア・プログラムは、配付資料用のコピーを作成しやすくしてくれます。印刷する前に、各スライドにスライド番号を挿入するようにしましょう。また、プレゼンテーションの前に配布するのか、後にするのかも考えておきましょう。

**補足説明**

　パワーポイントでスライド番号を挿入するには、ツールバーの「表示」を選び、「ヘッダーとフッター」を選びます。「スライド番号」の横のボックスにチェックを入れます。学習者は、スライドを簡単に参照できるように、スライド番号が入っていることを好みます。印刷するときは、「印刷レイアウト」で配付資料を選びます。

　一般的には、コース・デザイナーは次のような配付資料を用意します。

▶ **1ページに3枚のスライドを入れる**。パワーポイントを使っている場合は、スライドの横にメモを取るための罫線が表記される
▶ **1ページに2枚のスライドを入れる**。画像が大きく表示されるため、クラスが終わった後に見直したときに文字が読みやすい

## ワークブック製作の基本

このセクションでは、ワークブックのページをデザインする方法について説明します。ここでいうワークブックは、クラスルームでのコースを補完するものと、ワークブック単体でコースとなっているものの両方です。この後、読みやすいページをデザインするための示唆を提供します。特に明記している場合を除いて、ここで紹介するガイドラインは、両方のワークブックに当てはまるものです。

### ページの基本的な配置に慣れる

この章の中で、前述したように、スライドは一般的に2つの主要な部分に分かれています。図表8-7に示す通り、ワークブックのページも、同じように基本的な配置があります。

**図表8-7　一般的なページの配置**

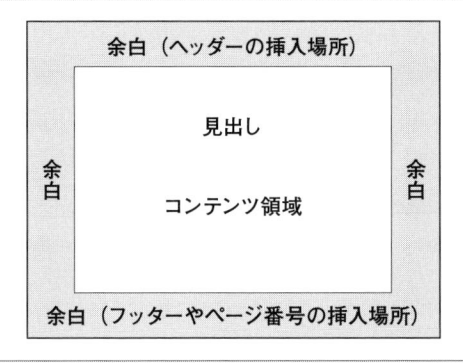

```
┌─────────────────────────────────┐
│   余白（ヘッダーの挿入場所）      │
│  ┌───────────────────────────┐  │
│  │         見出し             │  │
│余│                           │余│
│白│      コンテンツ領域        │白│
│  │                           │  │
│  └───────────────────────────┘  │
│  余白（フッターやページ番号の挿入場所）│
└─────────────────────────────────┘
```

## ページの 25%を余白として残す

　余白というのは、ページの端の空白部分も含みますが、段落、文字列、画像の間にある余白も含みます。余白は、長い文章の塊からの小休止となったり、画像と文章を離す、段落を分ける、見出しを続く節から離すなど、項目同士を視覚的に分けたり、ページ内で一種の境目を示すものとして機能したりします。

　ページの 25%を余白として残したほうがよいという調査があります。ページのデザインをチェックする際は、以下を確認しましょう。

> **基本原則 26**
>
> 読みやすくするために、ページをデザインします。ワークブックをデザインする際は、それがクラスルームのコースで使う受講者用の資料であっても、ワークブックのコースで使うものであっても、皆さんの選択次第で、ワークブックを読むのが難しくなることも、やさしくなることもあります。

- ページの上下に余白を残す
- ページ中央に位置するコンテンツの塊の周りに余白を残す
- コンテンツの塊の間に空白を入れる。たとえば、文章の塊とイラストの間には空白を入れる
- 段落の最初の行の初めにインデントを入れる、あるいは、段落の間を 1 行分空ける
- 見出しとその後の文字要素との間の間隔を空ける

　目視でも、空白が必要かどうかを判断しましょう。ページが文字で埋まり過ぎているように見えたら、特に詰まって見える部分に余白を加えてください。

## ページ内で使う書体の数を抑える

　ビジュアルのデザインでも述べた通り、ページ内で使う書体は 2 つまでにしましょう。1 つは見出しで使うもの、もう 1 つは本文で使うものです。

　さらに、それぞれの書体がうまく調和するようにします。見出し用に選ん

だ書体と本文用に選んだ書体との組み合わせの見栄えがよくなければなりません。一般的には、どちらかにセリフ体を選んだのであれば、もう一方はサンセリフ体を選びます。たとえば、見出しにサンセリフ体の「Helvetica」を選んだのであれば、本文にはセリフ体の「Bodoni」を選びます。（図表8－4参照）

## 全体を見渡しやすいようにページをデザインする

学習者がワークブックを使う際に課題となることは、情報の在りかを探すことです。書体をうまく使ったり、ページ番号やヘッダーといった機能を使ったりすることで、読者が探しているコンテンツを見つける手助けができます。

## 見出しを使う

見出しは、学習者がページ内でコンテンツを見つけるのに役立つため、ワークブックにおいてはとりわけ重要です。多くの学習者は、見出しに目を通すことで、さまざまなセクションの重要性を判断したり、そこで扱っているコンテンツを確認したりします。見出しの文字サイズの大きさの違いが、その部分の重要性を示します。文字サイズが大きければ大きいほど、そのセクションは重要といえます。

見出しに一貫性のある体系を使うことで、コース・デザイナーやデベロッパーは、学習者に情報の意図を知らせることができます。見出しの体系は、見出しのレベルによって特徴づけられます。見出しの数字が小さい（見出し1）ほど文字のサイズが大きく、そこに続く教材内容はより重要です。図表8－8はよくある見出しのフォーマットの体系を示しています。

**考えるヒント**

階層構造において同じレベルのセクションであることを明確にするために、同じレベルの見出しを使いましょう。また、学習プログラム全体を通して、同じ見出しレベルであれば、同じフォーマットを使います（つまり、同じ書体とサイズを使います）。

見出しに関するもう1つのガイドラインは、1つの書体だけを使い、文字サイズによって見出し同士の区別をするということです。

**図表8-8　見出しの書体の例**

| 見出しのレベル | 文字のサイズ |
|---|---|
| 見出し1 | 16ポイント、太字 |
| 見出し2 | 14ポイント、太字 |
| 見出し3 | 本文と同じサイズ（11あるいは12ポイント） |
| 見出し4 | 本文と同じサイズ（11あるいは12ポイント）、斜体（※一般的には欧文の場合） |

## 本文は適切な文字サイズにする

　本文とは、ワークブックの文字要素の部分です。一般的には、12ポイントの文字が最も読みやすく、特に多くの人が老眼になり始める40代以上の学習者がいる場合は、12ポイントにしたほうがよいでしょう。

　スペースが限られている場合は、11ポイント、あるいは10ポイントまでサイズを下げても構いません。ただし、10ポイントのときは文字を読むのが困難な学習者もいることを認識しておきましょう。

　また、強調文字についても、ビジュアルのときと同じガイドラインに従って適切に使うようにしてください。

### 補足説明

　一般的にワープロソフトやDTPのシステムは、コンテンツの階層レベルに合わせて、見出しを入力できるように設計されています。文字列が見出しであるか否か、また見出しだった場合にはどのレベルの見出しなのか、名前のついたスタイルを使って指定することができます。名前のついたスタイルは、それぞれフォーマットの情報と関連付けられています。フォーマットの情報は、他のファイルに保存されています。ワープロソフトやDTPのシステムは、そのスタイル名が出てくると、もう一方のファイルの指示に従っ

てフォーマットを適用します。

　見出しや文章の見かけを変えたい場合は、もう一方のファイルに保存されているフォーマットの指示を変更します。そうすることで、その種類の見出しが出ている箇所をすべて変更する必要はありません（特に見出しが何百もある場合は、これを変更するとなると、かなりの労力になるでしょう）。加えて、ワープロソフトの一部には、スタイルを読み取り、それを使って目次を生成してくれるものもあります。

　最後に、オーサリング・システムを変えることになった場合でも、多くのシステムは、スタイル名を保持してくれるため、転換したときに再度文字をフォーマットし直す必要がありません。

## 文字を適切にそろえる

　「ジャスティフィケーション（justification：行揃え）」は、余白に対して文字を整列させることです[※2]。「左寄せ」は、文字を左の余白に寄せて整列させることです。多くの文章は、左寄せにします。「右寄せ」は、右の余白に寄せて整列させることです。「中央揃え」は、左右両端の余白から均等な距離に文字を配置します。また、「両端揃え」といって、両端の余白にそろえることもできます。余白に合わせてそろえていないときは「ラグド（ragged：整形なし）」と呼ばれます。

　選択肢はたくさんありますが、左寄せにそろえることが推奨されています。

**補足説明**

両端揃えは使わないようにしましょう。両端の余白に確実にそろえるために、コンピュータによって文字が引き伸ばされるか、空白がたくさん追加されることになります。そのどちらであったとしても、見かけが奇妙であり、読むときの妨げになります。このガイドラインは、ビジュアルをデザインするときにも当てはまります。

## シンプルできれいなレイアウトを考える

　レイアウトは、ページを構成する要素の配置の仕方のことです。気が利いた配置は、学習の負担を軽減したり、学習者が最も重要なコンテンツを見分けることを助けたり、学習者が見逃してしまう可能性のあるコンテンツに注目させたり、そして、おそらく最も重要なことですが、学習者の興味をひきつけ、維持します。当然ですが、十分に考えられていないレイアウトは、逆

の効果をもたらすことがあります。

　レイアウトを考える際に、次のガイドラインを念頭に置きましょう。

- ▶ 最も重要なコンテンツは右ページの右上の角に配置する。これは、ワークブックの見開きを開いたときに、学習者がコンテンツを探す最初の場所である。こうした理由で、多くのワークブックは、新しいセクションを右のページから始めている
- ▶ 何度も出てくる、似たような種類のページは、基本となるレイアウトをデザインしておく。ワークブックの各ページのコンテンツは、それぞれ固有のものだが、コンテンツの型は同じ。たとえば、コンテンツを文字情報で提供し、視覚的なイラストでキーとなる学習ポイントを伝えているページがある。あるいは、学習者に質問への回答を指示し、その解答に対してフィードバックするページもある。また、単元を紹介するページや、単元の要約をするページもある。(この本でもわかるように、各章の冒頭と結び、各セクションの基本原則、考えるヒント、補足説明で、同じテンプレートが使われている)

## ワークブック内の情報を見つけることができるように手助けする

　各ページのヘッダーやフッターを使って、ページ番号、コースの名前、単元の番号と名前を示しましょう。ヘッダーは、各ページの上端にある小さな文字で書かれた見出しです。フッターは、同じようなものですが、ページの下の端にあります。

　別の箇所でも述べた通り、目次も、学習者がワークブックの中の学習内容を簡単に見つけるのを助けます。

## 製作プロセスの基本

　製作とは、コースの教材を複製することに向けて準備するプロセスです。また、製作と関連する印刷も比較的シンプルなプロセスですが、多数の詳細

な事柄が関わってきます。それらの詳細に抜けがあると、重大な問題を引き起こす可能性があり、トレーニング・プログラム開発の完了が遅れることもあります。

製作の実際のプロセスでは、開発したさまざまな要素の案を構成要素に変換し、それらを原本にまとめて複製します。具体的には、次のことを行います。

> **基本原則 27**
>
> 製作と印刷では、詳細に注意を払うことが大事です。

1. 原稿を編集する
2. グラフィックスを製作する
3. 文字要素とグラフィックスを1つのファイルにする
4. 原本のバックアップをつくり、安全な場所に保管する
5. 原本を印刷に出す
6. コースのパッケージを一式まとめる

### 原稿を編集する

原稿の編集とは、最終的な製版に向けて、文章を校正するプロセスです。このテーマは9章でも扱います。編集は、スポンサーがすべての文章について承認し、スポンサーの手を離れた後に始まります。編集者は、文法や体裁における間違いがないかを確認し、法律問題に発展する可能性のあるところを指摘し、製作スタッフがコミュニケーション・プロダクト（communication product：伝達用の成果物）をつくるために、十分な指示が提供されていることを確認します。

### グラフィックスを製作する

製作プロセスのこの部分では、考えていることを具体的な画像に変換するということを行います。プログラム開発のこの段階の前に、グラフィックスの一部はすでに準備できているということもあります。クリップアートやその他の既製の画像を使っているとき、または皆さん自身が画像を作る技術を

もっているときによくあることです。しかし、写真を使ったり、グラフィック・アーティストと契約したりする予定の場合は、スポンサーがトレーニング・プログラムの最終版を承認するまでは、アーティストとの契約をしないほうがよいでしょう。そのプロセスより前の段階で契約し、情報が変わってしまった場合、スポンサーの資金を無駄にしてしまうかもしれません。

厳密に言うと、トレーニング・プログラムで使う画像次第で、皆さんが何を行わなければならないかということは変わってきますが、一般的には、グラフィックス製作には次の活動が含まれます。

- ▶ 原画を作成する。たとえば線画やアイコンなど
- ▶ 三次元の製図など、コンピュータ画像を準備する
- ▶ 写真を撮影する
- ▶ 文章に画像処理を行う。たとえば、見出しの上や下に線を加えるなど

たいていの場合は、イラストレーターが線画やアイコンを描きます。イラストレーターは、手描きで行うこともあれば、コンピュータで行うこともあります。ただし、最終的には、今後も使えるように、文字要素と統合しやすいコンピュータのファイルとして保存するのが好ましいでしょう。

グラフィックスを製作するときのもう1つの方法は、他の情報源から描画データを調達し、用いるという方法です。描画データの適用では次のことができます。

- ▶ 不要な部分を取り除いたり、新たな部分を加えたり（たとえば色を加えたり）して、加工する
- ▶ 画像の大きさを変更する
- ▶ 画像の不要な部分を切り取ったり、画像の大きさを変えるなど、画像をトリミングする

また、グラフィック・アーティストと契約し、元の画像に何か加えたり、取り除いたりしてもらうこともあります。その他の場合は、他の写真や本といった情報源から、画像をスキャンして取り込み、アドビのフォトショップ

といった特別な画像処理ソフトを使って、何かを加えたり、取り除いたりするなどの加工をし、トリミングすることがあります。または、この2つの方法を組み合わせてつくることがあります。

　写真を使うときに留意しておきたいことは、誰にでも使える、オートフォーカスのカメラを使ってできそうであっても、写真家と契約して写真を撮ってもらいましょう。オートフォーカスのカメラは、個人用のものであり、教育という目的ではうまくいきません。インダストリアル・フォトグラフィー（industrial photography：産業写真）は使うことができますが、照明の当て方、像の配置、その他の細かい事柄へ大きな注意を払う必要があります。

　さらに、写真に人物を入れたい場合は、モデルを雇い準備する必要があり、トレーニング・プログラムで彼らの画像を使う法的な許可を得るためのモデルリリース申請書を使うなど、考えなければならない事柄が出てきます。プロの写真家であれば、こういった事柄についても、皆さんを助けてくれるでしょう。

　写真を撮った後は、写真家やグラフィック・アーティスト、またはあなたが、特別なソフトウェアやその他のツールを使って、写真を修整することもあります。写真を修整することで、たとえば写真に写り込んでしまった他の人を消したり、画像のサイズを変更したり、ごみを取り除いたり、色を鮮やかにすることができます。

## 文字要素とグラフィックスを1つのファイルにする

　次の作業をすることで、このタスクを完了できます。

▶ この時点で編集者の指摘を原稿に反映していないのであれば、まず反映させる
▶ コースの教材の原本に、タイトルページ、著作権表示、エバリュエーション・シート、表紙と背表紙およびその他の要素を加える
▶ 原本にグラフィックスを挿入する。テキストの中の正確な挿入箇所に入れる
▶ ページ番号に問題がないかを確認し、修整する。たとえば、各章の最初

のページ番号が「〇 − 1（〇は章の番号）」であれば、1 章の最初のページが 1 − 1 で、2 章の最初のページが 2 − 1 になっているかを確認する
▶ 目次を作成する。ワープロソフトや DTP の機能を使ってつくった目次に、すべてのページが入っていて、正しいページ番号が振られていることを確認する。これは、退屈な作業ですが、最も重要なタスクである。具体的には、すべてのページが原本に含まれており、それぞれのページに正しいページ番号、ヘッダー、フッターが入っていることを確認する。また、原本に目次があり、ページ番号が正しいことも確かめる。特に、ワープロソフトや DTP のプログラムによって自動的に目次、ヘッダー、フッター、索引などをつくっている場合は、二重チェックする必要がある

最終的な原本が出来上がりました。プリントアウトしてきれいな最終版を出しておきましょう。

## 原本のバックアップをつくり、安全な場所に保管する

原本を安全なところに保管しておきましょう。バックアップは、ソースファイルと印刷したものの両方をもちましょう。原本に何かが起きたときの控えとなります。

## 原本を印刷に出す

印刷業者は、追加の情報提供や原稿に指示を入れることを求めるかもしれません。その場合は、印刷業者の担当者が必要なことについて説明してくれます。

## コースのパッケージを一式まとめる

印刷業者から印刷物を受け取ったら、ビジュアルのコピー（インストラクターがスライドを使う場合は CD や DVD にデータを保存する）、受講者向けの教材（受講者用の手引書やその他の学習者に配布する資料）、インスト

ラクター用の手引書をパッケージにまとめます。

そのパッケージは、運営のサポートをするアドミニストレーターと教えるインストラクターに渡しましょう。

### 実践に向けて

クラスルームでのコースのための教材を製作する際は、まずメッセージを最終確定します。そして、コンテンツを伝えるときには、なるべく明確に、支援的に伝えるようにします。また、可能なかぎり文字情報は視覚情報に置き換えるようにしましょう。スライドをデザインするときは、部屋の最も遠い端からも見やすく、読みやすくなるようにし、学習者が一度読み通しただけで、理解することができるようにしましょう。ページのデザインも読みやすくデザインします。

教材を作成したら、次に製作を行います。製作には、多数の詳細事項が関わりますので、それぞれに注意を払うようにしましょう。

演習8－1は、コンテンツを伝えたり、製作に向けて準備したりする上で、決めなければならないことの指針として活用してください。これは、対処すべき事柄や検討しなければならない作業についてのチェックリストとなります。

## 演習8－1　学習教材を製作するためのチェックリスト

| 学習コンテンツを伝達するための基本 | ☐ 要点を伝えるために比喩、例、ストーリーを使う<br>☐ コース全体を通じて同じ表現や言葉を使い、学習を強化する<br>☐ ポジティブで支援的な口調を使う<br>　＿ ポジティブな部分を強調する<br>　＿ 仮定を避ける<br>☐ 専門用語を避ける<br>　＿ 可能な限り平易な言葉を使う<br>　＿ 専門用語を平易な言葉に置き換えられない場合は、その用語を最初に使うときに定義をする |
|---|---|
| ビジュアル製作の基本 | ☐ ビジュアルの基本的な配置に慣れる<br>☐ 文字情報の量を制限する<br>　＿ ビジュアル全体の単語数は35単語まで<br>　＿ 箇条書きの数は5つまで<br>　＿ 1つの箇条書きに含める単語数は7つまで<br>☐ 箇条書きや番号付きの一覧にする場合は、最低でも2つの項目があるようにする<br>☐ 箇条書きでは、並列的な文法構造を使う<br>☐ 大文字は慎重に使う<br>☐ 1枚のスライドで使うタイプフォントを2つまでに限定する<br>☐ 適切な文字サイズにする<br>　＿ 見出しは40～48ポイント<br>　＿ 箇条書きは32～40ポイント<br>　＿ キャプション（表題）や吹き出しは24～32ポイント<br>☐ 強調文字を適切に使う<br>　＿ 太字は見出し<br>　＿ 斜体は出版物のタイトルや標準的に使われていない用語<br>　＿ 下線は使わない<br>　＿ 色文字は使わない<br>　＿ すべて大文字にすることは避ける<br>☐ ビジュアルの文字情報と背景のコントラストを大きくする<br>☐ スライドのアニメーションは慎重に使う<br>☐ ビジュアルのコピーを配布資料として用意する |
| ワークブック製作の基本 | ☐ ページの基本的な配置に慣れる<br>☐ ページの25％を余白として残す<br>☐ ページ内で使うタイプフェイス（書体）の数を2つまでに抑える。見出しで1つ、本文で1つ<br>☐ 見出しに適切な文字を使う<br>　＿ 見出し1（単元もしくは章）16ポイント<br>　＿ 見出し2（セクション）14ポイント |

### 演習8－1　学習教材を製作するためのチェックリスト（続き）

| | |
|---|---|
| ワークブック製作の基本（続き） | ＿ 見出し3（サブ・セクション）11 もしくは 12 ポイント<br>＿ 見出し4（サブ・サブ・セクション）11 もしくは 12 ポイント<br>☐ 本文を適切な文字サイズにする（理想的には 12 ポイント。10 ポイントよりも小さくしない）<br>☐ 文字を左寄せにする<br>☐ シンプルできれいなレイアウトを考える<br>　＿ 最も重要なコンテンツは右ページの右上の角に配置する<br>　＿ 何度も出てくる、似たような種類のページは、基本となるレイアウトをデザインしておく<br>☐ ワークブック内の情報を見つけることができるように手助けする |
| 製作プロセスの基本 | ☐ 原稿を編集する<br>☐ グラフィックスを製作する<br>☐ 文字要素とグラフィックスを1つのファイルにして、印刷に向けた製作と準備をする<br>☐ 原本のバックアップをつくり、安全な場所に保管する<br>☐ 原本を印刷に送る<br>☐ 印刷業者から印刷物を受け取ったら、コースのパッケージを一式まとめる<br>☐ コースの運営をサポートするアドミニストレーターと教えるインストラクターに、コースのパッケージを送る |

※ 本文に則り、翻訳時に再編集

　この章では、学習教材を準備する方法について説明しました。第9章では、広く利用可能にする前に、教材内容が効果的であることを確認する方法について説明します。

---

1. キャプション：図表や写真について説明のために付け加えられた文字情報、表題。
2. 一般的なワープロソフトやプレゼンテーションソフトには、自動的に整列させる機能が組み込まれている。

# 第9章

# 新しいコースの品質チェックの基本

> **この章の内容**
>
> この章では、トレーニング・プログラム案の効果性をレビューし、トレーニング・プログラムを広く提供したときに、プログラムが成功する可能性を高めるための修正を行う基本を紹介します。具体的には、次のことを取り上げます。
>
> ▶ 形成的評価についての説明。これは開発中のトレーニング・プログラムを評価するプロセスのこと
> ▶ 形成的評価の3つの基本的な種類（パイロット・テスト、テクニカル・レビュー、編集と製作に関するレビュー）
> ▶ 修正の基本。フィードバックへの返答の仕方や教材の修正の仕方を含む
>
> 加えて、章末にあるワークシートが、皆さんが形成的評価を計画する際の指針となります。

## 形成的評価とは何か？

トレーニング・プログラムを準備する際の主要な課題の1つは、そのプログラムで達成しようとしていた目標を確実に達成できるようにすることです。開発中

> **基本原則28**
>
> トレーニング・プログラムの対象とされている学習者に対してプログラムを試行することが、トレーニング・プログラムがうまくいくかどうかの見当をつける唯一の方法です。

のトレーニング・プログラムの効果性を評価することは、形成している過程の評価であるため、「フォーマティブ・エバリュエーション（formative evaluation：形成的評価）」と呼びます。形成的評価は、「サマティブ・エバリュエーション（summative evaluation：総括的評価）」と対比されます。総括的評価は、たとえばコース・カタログに載っており、提供可能になっているクラスルームのコースや、学習者が注文してすぐに使えるワークブックなど、すでに広く利用可能になっているトレーニング・プログラムを評価するための方法です。第1章および第4章で説明したカークパトリックの4段階評価は、総括的評価を行う際のフレームワークになります。

　形成的評価の唯一の目的は、「トレーニング・プログラムを広く提供したときに、プログラムが学習目標を達成する可能性を高めるために修正を行うこと」です。そのため、形成的評価はトレーニング・プログラムを開発している最中に行います。そして、その結果は、外部に報告するものというよりも、むしろトレーニング・プログラムを直ちに修正するために使い、プログラムを広く提供する前に、その効果性を高めるためのものです。

　形成的評価では、具体的には、次の3つの品質が十分であることを確認します。

- **理解性**：学習者が、一度の説明で理解でき、指示されている以外の追加の支援がなくても演習をこなすことができなければならない。コンテンツの矛盾、専門用語、文法の誤り、不自然なコンテンツ提供の仕方によって、学習者が手間取るということがあってはならない
- **正確性**：正確で、最新の教材内容になっていなければならない
- **機能性**：印刷されたページが、コンピュータの画面に映し出される内容と合っていなければならない。コンピュータの画面にあるものと、プロジェクターで投影されるものが同じでなければならない。また、クラスの中で紹介するウェブサイトは正確で、使えるものでなければならない。ハンズオン・エクササイズも、意図された通りに作動しなければならない

## 形成的評価の3つの基本的な種類

コースの理解のしやすさ、正確性、機能性が十分であることを確認するために、3つの種類の形成的評価を行います。

▶ **パイロット・テスト（パイロット・クラスともいう）**：対象とされている学習者を代表する人々に対し、初めてトレーニング・プログラムを実施し、うまくいく部分と改善が必要な部分を評価する
▶ **テクニカル・レビュー**：SME にコンテンツが正確かどうか確認してもらう
▶ **プロダクション・レビュー**：編集者に、コンテンツを網羅しているか、体裁が整っているかを評価してもらい、製作の専門家にコンピュータの画面上に出ているものと、プリントされたものやプロジェクターで投影されている成果物が同じであることを確認してもらう

### パイロット・テスト

前述したように、パイロット・テストは、トレーニング・プログラムを試行することです。言い換えると、初めてトレーニング・プログラムを実施し、うまくいく部分と改善が必要な部分を評価します。一般的には、受講者用の教材とインストラクター用の教材の第2案の段階で、パイロット・テストを行います。パイロット・クラスの参加者は、対象とされている学習者を代表する人々です。トレーニング・プログラムの改善が必要な箇所を特定しながら、具体的にどのような改善が必要なのかも正確に把握するようにします。

> **基本原則 29**
> パイロット・テストでは、トレーニング・プログラムをテストするのであり、学習者をテストするのではありません。

パイロット・テストの結果によって、トレーニング・プログラムがうまくいくのかどうかを評価することができます。トレーニング・プログラムはまだ効果的であることが証明されていませんので、学習者を評価するためには使いません。テスト設問の言葉の使い方や教える順番のミスが原因で、学習者

のコースを修了する能力に影響を与えていることがわかるかもしれません。

次に、パイロット・テストはどのように実施すればよいのかについて手順を説明します。これを参考に、必要に応じて皆さんの組織に合わせて手順を調整してください。

1. パイロット・テスト実施のかなり前に、パイロット・クラス用の部屋を予約しておく。予約する前に、部屋に必要な音響映像機器やコンピュータ機材（たとえば、パワーポイントのスライドを映し出せるプロジェクターや、ハンズオン・ラボを行うための学習者数分のコンピュータなど）があり、必要に応じて会場を設営でき（たとえば、学習者がグループで作業できるように、テーブルに座ってもらいたいかもしれない）、パイロット・クラスで必要な学習者の人数を収容できる大きさであることを確認する
2. パイロット・クラスに参加してくれる学習者を8人から15人ほど募る。8人よりも少ないと、十分に幅広い観点を得ることができないかもしれない。15人よりも多いと、それぞれの学習者とデブリーフィングを行い、コメントをもらうことができないかもしれない。参加する学習者は、対象とされている学習者の属性を代表しており、コースに対して支援的でなければならない
3. 皆さん以外の別の人がトレーニング・プログラムを教えることになっている場合は、インストラクター用の教材の効果性も評価できるように、パイロット・クラスでインストラクターを務めてくれる人も探す
4. クラスが予定されている2～5日前に、参加者全員に思い出してもらうためのメールを送る
5. 受講者用の教材の案やスライドのコピーを含め、学習者向けの教材を印刷し、コピーする
6. パイロット・クラスが始まるときに、これはパイロット・クラスであり、彼らをテストするためのものではなく、トレーニング・プログラムをテストするためのものであることを学習者に再認識させる。言い換えると、何かを理解できなかったり、演習の指示内容をより明確にできると感じたりした場合は、学習者は「問題はトレーニング教材にある」と考

えるべきである。そのため、学習者には、どんな問題であっても指摘してもらい、それに関連して、受講者用の教材にもコメントをしてもらえるようにする。学習者に、各単元の後にクラスを中断し、フィードバックを提供してもらう予定であることを伝える

7. プログラムを実施する
8. 適当な間隔で、学習を中断し、フィードバックを求める。これは「デブリーフィング」と呼ばれる。インストラクターの中には、学習者が鮮明に記憶しているうちにそれぞれの単元についてのコメントをもらいたいため、各単元の後にパイロット・クラスのデブリーフィングを行うことを好む人がいる。また、学習の流れを中断しないように、1日の最後にデブリーフィングを行うことを好む人もいる。皆さんにとって、都合のよい間隔を選べばよいだろう。デブリーフィングでは、まず、パイロット・テストはトレーニング・プログラムのテストであり、学習者をテストしているのではないことを再度伝える。次に、学習者に「ここまで教えられた教材内容についてどう感じるのか？」「特定の箇所で情報や説明が不明瞭だったところはあるか？」「教材内容の何がうまくいっているか？」「何か具体的な変更の提案はあるか？」という内容の質問をする
9. クラスの最後に、最終のデブリーフィングを行い、個別の単元ではなくトレーニング・プログラム全体について検討する。このデブリーフィングでは、全体的に見て、効果的だった部分と変更したほうがよいかもしれない部分についての印象を聞いてみる。また、特定された問題について、どのように解決したらよいかの具体的な提案をしてもらうように促す。フィードバックが具体的であればあるほど、彼らの懸念によりうまく対処できるようになる
10. テストやその他の評価における学習者のパフォーマンスを評価することで、テストの設問が学習目標に対応

**補足説明**

デブリーフィングで自身のバイアスがかかってしまうことを避けるために、同僚にデブリーフィングを実施してもらうように依頼してもよいでしょう。また、同僚が議論の進行をしてくれるのであれば、皆さんは自分の教材のコピーにコメントを記録することができます。

しているのか、学習者がテストの設問を理解できているのか、学習者が正しく回答できるように教材内容を教えているのかを確認する

パイロット・テストを完了した後に、メモをレビューします。提供されたコメントを次の3つに分類します。

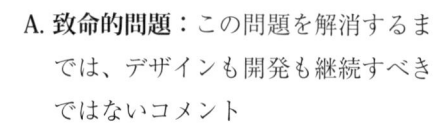

> **補足説明**
>
> パイロット・クラスを教えてもらうインストラクターを採用した場合は、そのインストラクターともデブリーフィングを行いましょう。インストラクターにとってどの情報が明確だったのか、またどの情報を教える際に違和感があったのかを確かめましょう。また、インストラクター用のガイドの中で、コンテンツをより効果的にできるかもしれないと考えた箇所を特定してもらいましょう。

A. **致命的問題**：この問題を解消するまでは、デザインも開発も継続すべきではないコメント

B. **要変更**：デザインと開発を続けてもよいが、広く提供する前に解消しなければならないコメント

C. **変更しなくても支障はないが、変更できるとよい**：時間があれば、対応する予定のコメント

これらの優先順位とコメント内容を活用しながら、トレーニング・プログラムを修正します。

## テクニカル・レビュー

コース・デザイナーやデベロッパーは、一般的には、最終案を除いたすべての案でテクニカル・レビューを依頼します。テクニカル・レビューでは、SMEにコンテンツが正確かどうか確認してもらいます。誤った専門情報は、深刻な法的責任問題を引き起こす可能性もあるため、テクニカル・レビューは特に重要です。

規制のある業界、たとえば医薬品業界では、不正確なコンテンツは、学習者が誤って仕事を行う原因となり、人の生死に関わる問題となるかもしれません（たとえば、医者が誤った薬を処方することもあるかもしれません）。また、まだ完成していない新しい製品では（ソフトウェアの場合に特にあり

がちですが)、トレーニング・プログラムで、間違った指示を提供したり、大きく変更があった教材を参照したりすると、学習者のフラストレーションやその他の潜在的な問題の原因となるかもしれません。また、マネジメントのトレーニングのように、組織において特に認知度が高く、注意を要するコンテンツについては、リーダーの間で賛同が取れている意見を反映したコンテンツでなければなりません。そうでないと、学習者は、組織の中で一貫性がない、あるいは主要な意思決定者が支持していない方針やアプローチに沿って、仕事を行ってしまうかもしれません。テクニカル・レビューには、2種類あります。リーディング・レビュー(reading review：読むレビュー)とウォークスルー(walk-through：順を追って確認する)です。

### リーディング・レビュー

　リーディング・レビューでは、指名された人々がトレーニング・プログラムの案を読み通して特定の基準に沿って、その効果性を評価します。適応する基準は、レビューする人の専門性や観点によって異なります。たとえば、SMEは専門的なコンテンツが正確かどうかを評価するために、案をレビューすることがあるかもしれません。マーケティングの専門家は、トレーニング・プログラムに関する情報が対象としている学習者に届くかどうかを評価するかもしれません。スポンサーは、トレーニング・プログラムを通じて、対象となっている学習者が、期待されている目標を達成できるかどうかを評価するでしょう。

> **基本原則 30**
> コンテンツを専門的に見て正確なものにするための最も良い方法は、何人かのSMEに並行してトレーニング・プログラムをレビューしてもらうことです。

　役に立つレビューのコメントをもらうためには、次の手順でリーディング・レビューを行うことを検討してみてください。

1. プロジェクトの初めにスケジュールを設定したら、すぐにレビューする人たちにレビューの日程を知らせる。そうすることで、彼らは早めに予定を入れておくことができる。レビューのスケジュールを決める際は、彼らが見るための時間を十分に取っておく。一般的には、レビューする

資料100ページにつき、最低でも1日は取る必要がある。また、紙の教材を送る場合は、コピーをしたり、返送してもらったりするための時間として、スケジュールの前か後ろに2日間程度確保するとよい
2. レビューのために案を送付する数日前に、レビュー用の案をこれから送るという連絡をして、思い出してもらう
3. レビュー用の案を送付する。送るときには、eメールのメッセージまたは添え状（案を電子データで送るのか、郵送するのかによる）で、レビューする人にしてもらいたいこと、しないでもらいたいことを説明する。彼らには、コンテンツの正確性、教材の流れ、情報をより明確にするための方法などについてコメントをもらいたいのであって、今後変更する可能性の高いレイアウトや後の工程で解消する予定の文法の問題には注目してほしくないだろう
4. レビュー用の案を送付した後は、コメントを送り返してもらいたい日程を思い出してもらうためにメールなどを送付する
5. コメントを受け取ったら、それぞれに目を通して、その内容を組み込むかどうかを決める。質問があれば（たとえば、レビューを行った人のあるコメントが別の人のコメントと矛盾するなど）メモに残しておき、レビューした人に後から連絡を取ったり、ミーティングを設定して質問について話し合ったりする。組み込まない予定のコメントがあれば、簡単に理由を説明する。最後に、レビューした人それぞれにお礼をする
6. コメントを組み込んだ後は、フォローとしてそれぞれのコメントの対応状況について説明する文面を送る

**ウォークスルー**

　時として、レビューする人が読み通してコメントを書き込むリーディング・レビューでは、トレーニング・プログラムが正確であるという確証を得るために十分なフィードバックを引き出すことができないことがあります。その場合は、ウォークスルーの実施を検討するとよいでしょう。

　ウォークスルーでは、レビューする人たちが集まり、ミーティングの時間を使って、学習者やインストラクター向けの教材の案を印刷して、読み合わせをします。順を追って教材の各ページを確認し、その場でコメントを作成

します。意見の相違が出てきた場合も、その場で解消します。

　ウォークスルーは、次の場合に特に有効です。

- ▶コース・デザイナーやデベロッパーが試作品を入手できない製品やソフトウェアをレビューする場合
- ▶トラブルシューティングのように１つの正しい手順が存在しないような、抽象的なプロセスをレビューする場合
- ▶SMEがレビューのために必要な時間を取ってくれない場合や、いい加減なレビューをする可能性があり、一緒にレビューしたほうがよい場合

　ウォークスルーの準備をするときは、プログラム全部について１回のミーティングで実施するのではなく、トレーニング・プログラムの各単元につき１回に分けて、複数回のミーティングをスケジュールに入れるようにしましょう。各ミーティングは、２〜３時間を予定しましょう。また、長期間に渡って実施するのではなく、１〜２週間の間に立て続けに何日かミーティングを入れます。

### プロダクション・レビュー

　プロダクション・レビューでは、編集者がコンテンツの網羅性や体裁を評価し、製作の専門家が、印刷された成果物や、プロジェクターで映し出されているものが、コンピュータの画面で見ているものと一致しているかどうかを確認します。

　プロダクション・レビューは、大文字の使い方やタイプフォントといった子細な問題を調べるため、多くのコース・デザイナーやデベロッパーが、わずかな価値しかもたらさないサービスとして、見過ごしてしまいます。しかし、些細な誤字が重大な意味の違いをもたらしたり、レイアウト上の問題が、学習者にとって問題を起こしたりすることがあります。また、文法の間違いが数多くあると、学習者が「スペルも正しくできないのに、書かれている事実が正しい

> **基本原則 31**
>
> プロダクション・レビューは、詳細な事柄に重点を置いていますが、トレーニング・プログラムの成功には不可欠です。

とは思えない」と判断することがあり、トレーニング・プログラムへの信頼が下がることもあります。プロダクション・レビューを真剣に受け止めることが、トレーニング・プログラムの信頼性や正確性を担保する助けになります。

　通常は、編集者がプロダクション・レビューを行います。編集者はトレーニング・プログラムの「最初の学習者」の役割を担います。最初の学習者として、対応しないと問題を起こす可能性のある課題を幅広く指摘します。スライドで目立つスペル間違いがその一例です。多くの組織では編集者はトレーニング・プログラムを一度だけレビューします。通常は最終的な製作の直前です。

　この時点で、編集者は一般的には、文法、活用、スペル、句読点といった側面に焦点を当てます。こうした、それぞれの成果物が正しい文法や体裁になっているかどうかを確認するタスクを編集といいます。編集では、具体的に次のような事柄を見ます。

▶ 編集上の体裁。これは、活用、スペル、句読点、大文字の使い方、用語の使い方の一貫性、並列的な構造、見出しのレベルについての確認を含む
▶ 受講者向けの教材とインストラクター向けの教材にデザインの一貫性をもたせるようなスライドやページのレイアウト。次のことを含む。
- スライドやページにおける適切なテンプレート（基本デザイン）の使用
- スライド同士、ページ同士の見出しが正しく、一貫性がある
- 図表の体裁に一貫性がある
- 図や絵、画像などが正しく配置されている
- 余白の設定が明確であり、確認ができている
- 正しいタイプフェイスが使われている。ボルドやイタリックなどの強調文字は特に注意が必要

　編集者はより本質に関わる役割も担っています。コース・デベロッパーと緊密に連携しながら、コースの構造をより強固なものにしたり、不明瞭な文章を特定し解消したり、学習者にとって理解しやすくなるように情報の提供の仕方を改善したりします。このような伝達の仕方に関するコーチングは、「サブスタンティブ・エディティング（substantive editing：実質的な編集)」

と呼び、編集者がコースにもたらす主な価値の1つです。ただし、これはプログラムの開発プロセスの早い段階、つまり、通常は最初の原案の後に実施しなければなりません。

> **考えるヒント**
>
> 多くのトレーニング組織は、スタッフに編集者がいないため、コース・デザイナーやデベロッパーが、お互いのコースをレビューし、編集の仕事を行います。これは仲間（同僚）同士で編集を行うため、「ピア・エディティング（peer editing：仲間同士の編集）」と呼ばれます。皆さんの組織で編集者を利用することができないのであれば、必ずピア・エディティングをしてくれる人を探しましょう。皆さん自身は、コースとあまりにも深く関わっているため、目立つ誤字や体裁の間違いが見えなくなることが多いのです。そのため、別の人の視点が助けになります。加えて、その同僚が一度しかレビューする時間がないようであれば、最後の案をレビューしてもらうようにスケジュールを入れましょう。そのことで、最終的な成果物には、構文や文法、体裁、ビジュアルの誤りが確実にないようにします。

## 修正の基本

それぞれのレビューを通じて得られたフィードバックに対し、トレーニング・プログラムの案を修正します。この後のセクションでは、修正に関わる2つの事柄、フィードバックに返答することと、トレーニング・プログラムを修正することについて深めていきます。

### フィードバックに返答する

コース・デザイナーやデベロッパーにとって、自分の仕事に対してコメントをもらうことは、最も難しいことの1つです。自分にとってあまり気分の良くないコメントもあります。また、気分が悪くはならないものの、あいまいすぎて、皆さんがよりよい仕事をする上で、役に立たないコメントもあります。どのコース・デザイナーやデベロッパーにとっても、そうしたコメントに対して誠実に返答できるかどうかが、プロフェッショナリズムを試され

るときです。

フィードバックに返答することに関して、次の提案を検討してみてください。

> **基本原則 32**
> 
> すべてのフィードバックに価値があるという前提に立ちましょう。コメントの内容を確実に理解し、レビューした人または編集者がどのようにトレーニング・プログラムの改善に役立とうとしているのかを理解するようにしましょう。

- それぞれのレビュー内容や編集が、どのような背景から出てきているのかを理解する。レビューする人は、急いでレビューしているときに、あまり自分が書いている内容について考えておらず、無意識にぶっきらぼうになってしまっていることがある。また、実際に考えていたことの一部しか書いていないかもしれない。そうした場合、皆さんは不完全なデータに基づいて結論を導き出してしまうかもしれない

- 可能であれば、コメントが月曜日または火曜日に届くようにスケジュールを組む。月曜日または火曜日にコメントを受け取ることで、週末に思い悩むのではなく、その内容を受けた修正の作業にすぐに取り掛かることができる

- コメントに正式に返答する前に1営業日待つ。少なくとも、コメントのせいで頭に血が上ってしまったとしても、1日余分な日があれば落ち着く機会となる。また、取るべき一連の行動について、作戦を練る時間を得ることができるかもしれない

- レビューする人や編集者と話をする。状況を避けるよりは、心を開いて、正面から向き合う

- あいまいなコメント、または名誉を傷つけるようなコメントに対して返答する際は、その編集者やレビューを行った人に、コメントを明確にする必要があることを伝える。できる限り、皆さんが理解できないことが

> **補足説明**
> 
> おわかりの通り、ここでは、レビューする人からのネガティブなフィードバックに主にフォーカスしました。私たちはそうしたコメントに気を取られてしまうようです。しかし、多くの場合、レビューする人からはポジティブなコメントも提供されるので、安心してください。たとえば、「よくできました」「素晴らしい仕事」、定番の「今まで見た中で一番良い教材！」といったコメントがあるでしょう。

何かを説明する。価値を判断すること（たとえば「そのコメントは無意味だ！」など）を避けることで、意味ある会話を始めることができる

　こうしたアプローチを取ることで、対立を生むことなく、対話を開くことにつながり、そのプロセスの中でレビューする人との強い関係を構築することもできます。また、対話を通して、多くのコース・デザイナーやデベロッパーは、コメントの価値を見出すことができ、レビューする人は、コース・デザイナーやデベロッパーの仕事について、さらにその良さを認めるようになります。

## トレーニング・プログラムを修正する

　提案された変更への対応方法は、その性質によって違います。修正のプロセスにおいて、トレーニング・プログラムへの変更は、おおまかに２つに分類できます。スコープ内のものとスコープ外のものです。

### スコープ内の変更

　スコープ内の変更とは、本来の依頼の範囲内に収まる変更です。たいていの場合、スコープ内の変更は、変更する義務を伴うものであり、変更すべきです。

　レビューのプロセスにおいて変更を加えることを約束した場合も、スコープ内の変更に含まれます。パイロット・テスト、テクニカル・レビュー、プロダクション・レビューの終わりのほうで、レビューしてくれた人に対し、特定の変更を加えるという約束をしているはずです。彼らは、次のレビューの案を見たときに、こうした変更が組み込まれていることを期待しています。

　こうした変更を組み込むときには、提案されている変更の主旨を、厳密に追求しながら組み込みます。場合によっては、一言一句要求されている通りに変更を組み込むことがあります。たとえば、弁護士が「できる（can）」という言葉をすべて「してもよい（may）」に変更し

**基本原則 33**

スコープ内の変更は、なるべく組み込むようにしましょう。

た場合は、言葉通りに変更を組み込みます。その変更の主旨は、文法的なものではなく、法的な意味合いです。「できる（can）」という言葉は、顧客への約束を暗示する言葉です。「してもよい（may）」は、そうした意味を含まないため、訴訟があった場合に、スポンサーの法的責任が生じる可能性を減らすことができるのです。

　また、他の場合として、変更の主旨は採用しますが、それを表現する言葉は変えることがあります。たとえば、プログラマーが、ある手順に1ステップ加えることを提案し、その言い回しも提案していたとします。そのステップを表現する言い回しが、三人称の受動態だったのを、二人称の能動態に書き換えてもよいかもしれません。変更された言葉に従うのか、柔軟に対応してもよいのか、慎重に判断しましょう。

　スコープ内の変更には、専門的な教材内容への理解が深まった結果、変更すべきことも含まれます。コースをデザインし、開発することは、まるで玉ねぎの皮を一枚一枚むいているようです。開発のプロセスを進むほど、多くのことを理解できるようになります。デザインのプロセスにおいて、後半の案になると、何か思いつく瞬間を経験することがあります。皆さんの理解が深まり、コース教材にそれを反映したくなるのです。このような変更案は、通常細かい点に関するものであり、結果として、いくつか短い文章を加えたり、一言あるいは一文を加えたりして、論点を修正します。

　スコープ内の変更によって、プレゼンテーションの質が向上することもあります。修正のプロセスを経ることで、どのような方法で情報を提供するのかについての意識が日増しに高まり、プレゼンテーションの詳細に注意が向くようになります。たとえば、似たような部分で並列的にできる（似たようなコンセプトを似たような方法で構造化し、提示できる）箇所、さまざまな文章で言葉を強調したい箇所、図表にして情報を提供できる箇所などについて、より意識するようになります。これらの変更が少量の文章（長くても1セクション）にしか影響せず、もともと見積もっている予算やスケジュールに影響のない範囲であれば、変更を加えましょう。

　たとえば、第2案を作成しながら、ある文章を簡単に視覚的な表現に置き換えることができそうだということに気づいたとします。皆さんは、自分のコンピュータにインストールされているグラフィックスのソフトウェアを使

第9章　新しいコースの品質チェックの基本

って、自分で図表を作成して組み込み、スケジュール通りに案を配布しました。この場合は、スコープ内の変更です。しかし、これが最終案だったとします。同じように、文章を視覚的な表現にすれば効果性が高まりそうな箇所を見つけましたが、グラフィック・アーティストに画像を作成してもらう必要があり、すでにグラフィックスに投入できる資金を使い切ってしまっています。このような場合は、その変更はトレーニング・プログラムの将来の改訂版のときまで、取っておいたほうがよいでしょう。

> **基本原則 34**
> 変更をすべきか否かの判断は、最終的にはビジネス的な判断になります。

## スコープ外の変更

上記の例では、グラフィックス用の予算を使い果たしていたため、文章をグラフィックスに変えるという変更は保留することになりました。これに対して、人によっては、コンテンツの質について疑問を感じたり、どうしてコース・デザイナーやデベロッパーが見過ごすことができるのかと思ったりするかもしれません。しかし、考えてみてください。最終案を作成しているので、コースのレビューは二度と行われないのです。レビューしている人たちやスポンサーから確実に変更の同意を得るためには、特別なレビューのスケジュールを立てなければならず、プロセスに要する時間が追加されることになります。時間もお金ですから、プロジェクトのコストも上がります。

また、グラフィックスに割り当てた予算を使ってしまったので、予定外の画像を製作するための追加資金が必要になるということです。その画像をつくることで予算の範囲を超えてしまい、スポンサーにとっても、ビジネス的なニーズからみて、その追加費用は許可できないものと感じるかもしれません。皆さんは、スケジュールを守り、予算を範囲内に収める義務もあります。追加変更によって、コンテンツの質は向上するかもしれませんが、代わりにプロジェクト・マネジメントの質が損なわれます。

こうした変更のことを「スコープ外の変更」といいます。この変更を行うと、予定外の納期の延長、コスト増、またはその両方という結果になります。次のような例も、スコープ外の変更になります。

▶ SME から大きな変更を指摘されており、以前提供されていた資料と矛

225

盾するため、専門的な情報に著しい変更を加えなければならない
▶ たとえば、レビューのミーティングでは議論や承諾がされていなかった卸売業者の再編成の影響などで、情報のプレゼンテーションが大きく変わる。あるいは、コースのセクションのいくつかに大きな変更を加えなければならない

　これらの変更は、当初約束したことに含まれていないため、スコープ外の変更になります。トレーニング・プログラムの製作の遅れにつながったり、もしかすると全体のコストの増加にもつながったりするかもしれません。こうした変更にどのように対応するのかが、最終的にはスポンサーとの関係に影響を与えるかもしれません。スポンサーとコース・デザイナーやデベロッパーとの間の関係にとって、変更への対応が極めて重要な要素となります。スコープ外の変更を慎重に扱うことで、スポンサーとの関係を傷つけずに済み、変更にも責任もって対応することができる可能性が高まります。図表9－1は、スコープ外の変更によって起こる課題と、それに対応する方法について、例を示しています。

### 図表9−1　スコープ外の変更に対応する

| 変更を言い出した人 | 変更への対応方法 |
| --- | --- |
| スポンサー | スポンサーに、その変更がプロジェクトのスコープ外であることを伝える。変更については喜んで行うが、スケジュールと予算を見直す必要があることも伝える。 |
| | スケジュールと予算の見直しを交渉するときに皆さんが不安を感じる瞬間があったり、この課題を挙げたときに皆さんの同僚が最初は腹を立てたりするかもしれないが、気にせずに交渉する。お互いに乗り越えることができるだろうし、皆さんのニーズを今主張することで、長期的には、スポンサーとの緊密な関係を保持する可能性が高まる。 |
| | いったん、依頼された変更を組み込むという約束をし、どのようにスケジュールや予算を調整すれば変更が可能になるのか確定したら、覚書として正式にその変更内容を文書化し、プロジェクトに関わる全員に情報が共有されるように進捗報告を行う。 |
| 自分 | 自分が言い出した変更は、一見するととても良いものに思える。しかし、変更によるインパクト全体を考慮してから、先に進める。具体的には、次のことを考慮する。 |
| | ●コースの他の部分へのインパクト。必要になるその他の変更（たとえば、コースのすべての単元での専門用語の変更といったカスケード効果）と、それらの変更を行うために必要な時間 |
| | ●レビューする人が、変更箇所をレビューする十分な時間が取れるか。デザイン・プロセスの後半（第3案あるいは最終案）になるにつれ、レビューする人は、変更をレビューする時間が少なくなっている可能性がある |
| | ●変更を行うために、必要なリソース。グラフィックスの作業が追加で必要であれば、たとえば、グラフィック・アーティストが依頼された画像をつくる時間があるかどうかを考慮する |
| | ●学習者にとっての最終的な利益 |
| | ●スポンサーにとっての最終的な利益。最終的な利益が少ないのであれば、その変更は適切ではないかもしれない |
| | もし、これらのことを考慮した後に、それでも変更が適切であると感じるのであれば、スポンサーに支援をしてもらうように依頼をしてから、実際に変更を行う。 |

### 実践に向けて

コース教材のデザインと開発のプロセスの一部として、形成的評価を行いましょう。形成的評価は、トレーニング・プログラムがまだ開発中のときに、その効果性を評価するために行います。コース・デザイナーやデベロッパーは一般的には3種類のレビューを行います。SMEがコンテンツの正確さを評価する「テクニカル・レビュー」、トレーニング・プログラムを試行し、その効果性を評価して改善に向けた提案をする「パイロット・テスト」、誰かにトレーニング・プログラムの「最初の学習者」の役割を担ってもらい、内容の矛盾、文法上の問題、その他の似たような課題を明確にするなど、主に編集を行う「プロダクション・レビュー」です。

演習9-1は、レビューのスケジュールを立て、取りまとめを行うプロセスを導く指針として活用してください。3種類の案それぞれの段階で、どのレビューをスケジュールに入れておくべきか、またレビューを行うときに考慮すべき課題を提示しています。またスコープ内の変更とスコープ外の変更を管理する方法についても助言をしています。

## 演習9−1　学習プログラムを評価する

### 形成的評価の種類

| 案 | 行うべき評価の種類 |
|---|---|
| 原　案 | ☐ テクニカル・レビュー<br>　　レビューする人の名前と役割 _____<br>　　レビュー用の案を送る日程 _____<br>　　レビュー用の案を返送してもらう日程 _____<br><br>☐ プロダクション・レビュー（任意）<br>　　編集者の名前 _____<br>　　レビュー用の案を送る日程 _____<br>　　レビュー用の案を返送してもらう日程 _____ |
| 第2案 | ☐ テクニカル・レビュー<br>　　レビューする人の名前と役割 _____<br>　　レビュー用の案を送る日程 _____<br>　　レビュー用の案を返送してもらう日程 _____<br><br>☐ プロダクション・レビュー（任意）<br>　　編集者の名前 _____<br>　　レビュー用の案を送る日程 _____<br>　　レビュー用の案を返送してもらう日程 _____<br><br>☐ パイロット・テスト（パイロット・クラスともいう）<br>　　参加者の名前 _____<br>　　クラスの設備に関する特別な必要条件 _____<br>　　クラスを行う日程 _____<br>　　デブリーフィングのファシリテーター（依頼する場合）の名前<br>　　_____<br>　　インストラクター（皆さん以外の人が行うのであれば）の名前<br>　　_____ |
| 第3案 | ☐ テクニカル・レビュー（必要であれば）<br>　　レビューする人の名前と役割 _____<br>　　レビュー用の案を送る日程 _____<br>　　レビュー用の案を返送してもらう日程 _____<br><br>☐ プロダクション・レビュー（任意）<br>　　編集者の名前 _____<br>　　レビュー用の案を送る日程 _____<br>　　レビュー用の案を返送してもらう日程 _____ |
| 最終案 | ☐ プロダクション・レビュー<br>　　編集者の名前 _____<br>　　レビュー用の案を送る日程 _____<br>　　レビュー用の案を返送してもらう日程 _____ |

この章で、コースのデザインと開発についての議論は終了します。第10章では、学習者に受講してもらう準備が整ったとしたら、トレーニング・プログラムをどのように運営、マーケティング、サポートすればよいのかということについて解説します。

# 第 10 章

# コースの運営の基本

### この章の内容

この章では、トレーニング・プログラムの運営、マーケティング、サポートの基本を紹介します。具体的には、次のことを取り上げます。

- ▶ トレーニング・プログラムの運営の基本。クラスルームの調整、受講登録、フォローを含む
- ▶ マーケティングの基本。「必要不可欠な」マーケティング情報と、マーケティングに関連したスケジュールを立てる際に「必ず考慮すべきこと」について
- ▶ コースのサポートの基本。学習者へのサービスの提供、専門的なコンテンツを維持管理するためのスケジュールの立案、プログラムのエバリュエーションの管理を含む
- ▶ デザインと開発のプロジェクトの締めくくりの基本

加えて、章末にあるワークシートでは、皆さんがトレーニング・プログラムの運営、マーケティング、サポートをする際に必要となるものを明らかにしています。

コース・デザイナーやデベロッパーとして、皆さんはトレーニング・プログラムをデザインし、開発することに、時間とエネルギーの大部分を使います。しかし、皆さんの取り組みの成功は、トレーニング・プログラムが完成

した後に何が起こるのか、すなわちどのようにプログラムが運営され、マーケティングされ、サポートされるかにかかっています。コース・デザイナーやデベロッパーが、これらの活動における中心的な役割を果たさないことが多いのですが、トレーニング・プログラムをデザインし開発している段階でそれに向けて準備し、プログラムの展開中に注視することで、確実にトレーニング・プログラムが意図した通りのインパクトをもたらすことに大きな役割を果たすことができます。

この章では、運営に関して、コース・デザイナーやデベロッパーの観点から考慮すべき課題の概要を示します。まず、運営に関わる活動の概要を提供し、次にトレーニング・プログラムをマーケティングする方法について説明します。最後に、学習者がコースを受講するときに発生する人的な問題、専門的な問題に対応しながら、トレーニング・プログラムをサポートする方法について解説します。

> **基本原則 35**
>
> トレーニング・プログラムの成功は、プログラムの運営、マーケティング、サポートにかかっています。これらのタスクが難しいのは、他の人々がこれらのタスクのいくつか、または全部を管理するからです。

## コースの運営の基本

「トレーニング・プログラムを運営する」というのは、クラスルームのコースを運営したり、ワークブックのコースを展開したりすることに関わる活動のことを指します。具体的にトレーニング・プログラムの運営には、クラスのスケジュールを立てる、学習者の登録を行い、確認する、クラスの準備をする、クラスを終了する、フォローアップの報告書を提供するといったことが含まれます。これらの活動のそれぞれについて解説します。

> **基本原則 36**
>
> トレーニング・プログラムが予定通り運営されていることを確認するために、自分でコースを教えていないとしても、スケジュール、受講登録のプロセス、クラスルームでの運営を注視しましょう。

## クラスのスケジュールを立てる

スケジュールを立てることは、コースの主要な成功要因の1つです。スケジュールを立てる際に、効果的な選択をすれば、期待を上回る成功につながる可能性もあり、反対に効果的でない選択をすると、コースが期待されている効果を上げないこともあり、スケジュールの立案は難しい課題です。

クラスルームのコースのスケジュールを立てる際は、コースの実施に必要な会場（必要であれば、その他の設備）を予約し、そのセッションを教えるインストラクターを手配する業務があります。たとえば、新任のマネジャーを対象としたトレーニング・プログラムを運営していたとします。需要が高い場合は、月に1回はスケジュールを入れるかもしれません。それぞれのクラスのセッションのために、会場を予約し、教材内容を教えることができるインストラクターの予定が空いているかどうかを確認する必要があります。

ワークブックのコースでは、学習者が受講したいときにいつでもコースを受けることができます。しかし、組織によっては、ラーニング・センターという施設で学習者が自主学習コースを受ける場合があります。ラーニング・センターは、人々が自分のペースでコースを受講することができる施設であり、学習の助けになるような環境が整っており、備品、文献、チューター（tutor: 個人指導員）、コースに必要なその他のリソースが簡単に利用できます。

また、各クラスの受講者数に制限をかけることもあります。そのような場合は、少なくも多くもなく、ちょうど望ましい人数を収容できる会場を予約するようにしましょう。

加えて、コースのスケジュールを立てるときに、いくつかの留意点があります。

- ▶ 学習者が多くいるロケーションに、クラスの予定を入れる。スケジュー

> **補足説明**
>
> コース・デザイナーやデベロッパーとして、皆さんの主要な関心事は、最適なタイミングでクラスのスケジュールが入っているかどうか、また、コースにとって最も適切な会場が予約されているかどうかです。たとえば、クラスにおいて学習者がコンピュータにアクセスできる必要があるかもしれません。その場合は、たくさんのコンピュータが置いてある（通常の場合、最低でも学習者2人に対しパソコン1台がある）コンピュータ室が会場として予約されているかどうか確認したほうがよいでしょう。

ルを立てるときの難題の1つが、クラスのスケジュールの予約をどこに入れるかということである。効果的に学習対象者を絞れているのであれば、彼らが物理的にどのロケーションにいるのかを特定できるだろう。多くの学習者にとって便利なロケーションで、スケジュールを予約するようにしよう。たとえば、顧客向けの製品トレーニングのクラスのスケジュールを予約していたとする。顧客の30%がサンフランシスコに住み、20%がボストンに住んでいるとする。その場合、クラスのセッションのうち30%はサンフランシスコで開催され、20%がボストンで開催されるとよいだろう

- すべての学習者が必ず受けなければならないコース、つまり必修コースの予定を立てる場合は、できるだけ早めに、多くのクラスの予定を入れる。そうすることで、学習者を待たせずに、受講してもらえる
- 休暇の近くの日程にスケジュールを入れることは避ける。一般的には、国民の祝日と同じ週にあるクラスの登録は人気がない。仮に、出席が義務付けられていたとしても、学習者の身体は参加しているものの、意識は休暇に向いている可能性がある
- 夕方から行われるクラスについては、金曜日の開催は避けるようにする。金曜日の夕方は、すでに週末の一部と考えられている。もし、学習者が自らの専門能力の開発のためにクラスに参加していたとしても、一般的にはその他の平日の夜の参加を希望するだろう
- 宗教的あるいは文化的な祝日を避ける。組織の中の比較的少数にしか影響を与えないとしても避ける。こうした日に予定を立てると、不必要なジレンマを引き起こし、学習者に無神経であると解釈されることもある

## 学習者の登録を行い、確認する

登録は、参加者がクラスルームのコースの席を予約したり、ワークブックのコースの履修の届出をする活動です。学習者がコースに登録した後、コースのアドミニストレーター（コース・デザイナーやデベロッパー以外の人）が、学習者に登録の確認書を送り、クラスが始まる前（1週間前から直前までの間）にコースに出席する予定になっていることを思い出してもらう連絡、つ

まりリマインダーを送ります。

　確認書にもリマインダーにも、クラスの名称、コースの番号（皆さんの組織が番号管理している場合）、クラス開催の日付と時間、インストラクターの名前を記載します。確認書では、受講料がかかるのであれば、それを思い出してもらうための情報や、質問がある際に問い合わせができる運営の担当者の連絡先も載せます。図表10－1は、確認書の例です。リマインダーは、確認書を変形したものにすぎません。

　多くの組織では、登録の手続きについての文書化されたプロセスがあり、登録文書と確認書の形式が標準化されています。

　コース・デザイナーやデベロッパーとしては、登録に関して次のことに関心をもつでしょう。

▶ 登録のプロセスが簡単に完了できること。クラスのセッションへの登録が簡単であればあるほど、複数のクラスに登録する可能性が高まる。登録を簡単にするには、明確な指示（登録するために何をしなければならないのか、また登録する際にはどの情報が必要なのか）や、適切な文書化（学習者を正確に識別し、登録や支払いの情報を得るために必要な情報。とはいえ、学習者から面倒なあるいは立ち入ったことを聞かれていると思われない程度）、依頼に対する素早い手続き、丁寧な対応が必要である。登録手続きをより容易にし、一貫性をもたせるために、多くの組織ではラーニング・マネジメント・システム（learning management system：学習管理システム／以降LMS）を使う。LMSは、コースの登録を管理し、確認書やリマインダーを自動的に送るソフトウェアである

▶ 学習者がコースに登録する際に、受講の条件となる知識を確実にもっていること。学習者が受講の条件となる知識をもっていなければ、彼らはクラスで苦しむことになる。多くのLMSは、登録する前に、学習者が受講の条件となるコースを受講したかどうか確認することができる機能がある。もし皆さんの組織で、人の手で登録の管理を行っているのであれば、登録のコーディネーターは、申込者が受講条件を満たしているかどうかを確認しなければならない

▶ 学習者がクラスの事前連絡をすべて受け取っていること。たとえば、ク

ラスが行われる前に完了しておくべき課題（プレワーク <prework：事前課題> と呼ばれる）、クラスに持参してほしい持ち物の一覧、その他の似たような連絡事項など

こうした事柄は、ワークブックのコースへの登録にも当てはまります。主な違いは、ワークブックのコースの場合は、登録した直後に学習が始められるということです。

**図表10－1　登録の確認書の例**

---

ジョンへ

これは、新任マーケティング担当者向けのセールス研修（コース番号 SS 100）への登録確認書です。

コースの開催日時：
　11月17日（月）〜11月21日（金）
　9:00〜17:00
　開催場所：IS クラスルーム5
　インストラクター：スティーブン・イップ

このクラスの受講費用、2395 ドルはあなたの部署に請求済みです。出席できない場合は、開催日の2週間前までに連絡してください。2週間前までにキャンセルの連絡がなければ受講費用が全額請求されます。ただし、代理の人に受講してもらうか、別の日程に予約を変更することもできます。

コースについてのご質問がある場合は、trainingadmin@companyname.com。あるいは内線番号 4599 にお問い合わせください。

登録ありがとうございます。クラスでお目にかかるのを楽しみにしています。

ルーシー・ハイアット
トレーニング・アドミニストレーター

---

## クラスの準備をする

クラスの準備では、アドミニストレーターが、クラスのセッションを行う

第10章　コースの運営の基本

ためのリソースがすべて利用可能であることを確認します。クラスルームのコースにおいては、次の物を準備します。

- 一般的な備品。たとえば、マーカー、ホワイトボード、フリップチャートの用紙、学習者の名札（あらかじめ印刷しておく場合もあれば、白紙の名札を用意して学習者に書いてもらう場合もある）、メモ帳とペン、施設に関する一般情報（緊急連絡先、トイレの場所、昼食施設など）、受講後のエバリュエーション・シート（アンケート用紙にコース名、インストラクター名、開催日時をあらかじめ印刷する場合には事前に準備しておく）、コーヒー、お菓子、その他のケータリング（食事を提供する場合。多くの組織は食事も提供する）
- 学習者用の教材（学習者パックと呼ばれることも多い）。受講者用の手引書、その他に必要な備品を含む。たとえば、設備保全のコースでは、設備の外側のケースを取り外すためのドライバーが手渡されるかもしれない
- 演習用の教材。コンピュータを使った演習では、すべてのソフトウェアやファイルがインストールされており、各受講者とインストラクター用のパスワードが設定され、それぞれのPCが動くことを確認する。コンピュータの演習ではない場合でも、ここで述べられていないもので、特別に必要な教材があれば、それらが利用可能であることを確認する
- 視聴覚機材。プロジェクター、ビデオ、CD、DVDプレイヤー（必要であればモニター画面）、マイク（必要であれば）など
- 会場の設営。つまり、テーブルの配置。図表10－2は、可能な選択肢を示している

コースの準備が不適切だと、クラスの受講が不快な経験となることもあるので、皆さんはコース・デザイナーやデベロッパーとして、こうした事柄に注意を払う必要があります。具体的には、次のことに重点を置きます。

- 準備のリスト（特に一般的な備品に関してのリスト）を提供する
- アドミニストレーターに視聴覚機材の要件を提供する

- ▶ クラスルームの設営を提案する
- ▶ 受講者用の手引書の原本を提供し、アドミニストレーターがコピーと製本を行う際に配慮すべき特別な指示があれば、それを提供する（これについては、第7章と第8章で解説）

**図表10－2　クラスルームの設定の種類**

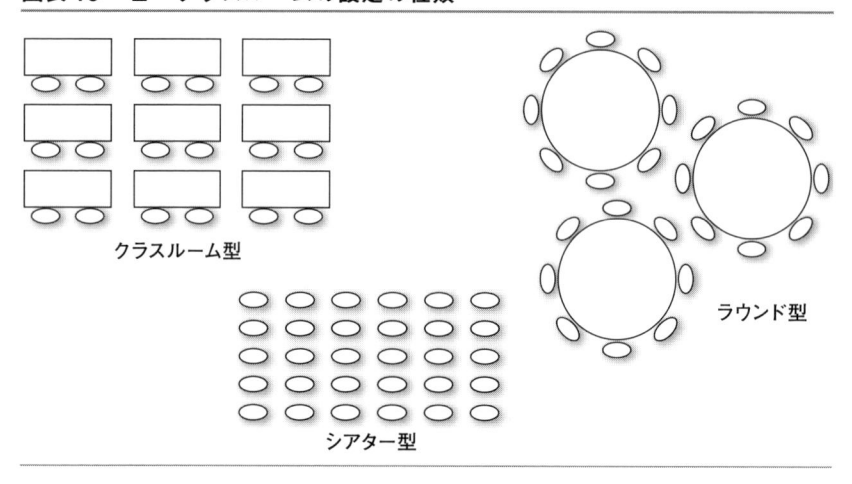

クラスルーム型

シアター型

ラウンド型

### 考えるヒント

クラスルームの設営というのは、通常、学習者が座る場所の配置のことを指します。トレーニングのクラスルームは、一般的には図表10－2で示されている形のうちの1つで設定されます。

- **クラスルーム（左上）**：長方形のテーブルの片側に、インストラクターに向く形で席が配置されている。通常1つのテーブルに2～3席置かれる。テーブルがあるので、学習者がノートを取りやすいが、2～3人のグループで行う場合を除いて、グループワークを行うのが難しい
- **ラウンド、あるいはワークショップとも呼ばれる（右上）**：それぞれ6～10席が配置された、いくつかの丸いテーブルを設置している。学習者は、テーブルをノートをとる際の台として使うことができる。この配置は、参加者が向き合うため、グループワークにも理想的である。しかし、通常2席は、インストラクターに背中を向けている形になる
- **シアター（下）**：単独の椅子が列になって並べられている。この形は、最も多くの席を会場に入れることができる。しかし、机がないため、ノートを取るのが難しい。また、グループワークも難しい

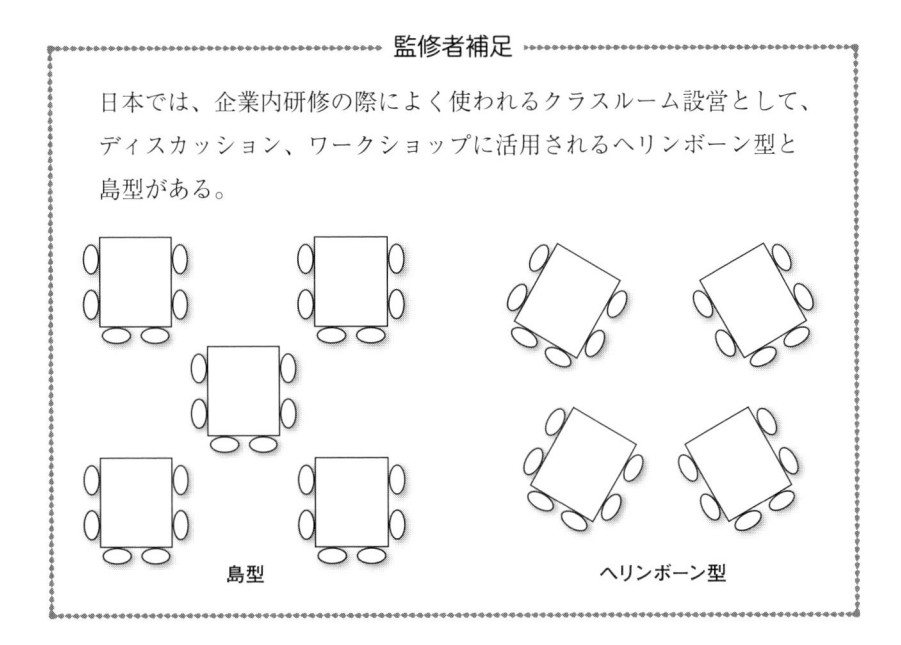

> **監修者補足**
>
> 日本では、企業内研修の際によく使われるクラスルーム設営として、ディスカッション、ワークショップに活用されるヘリンボーン型と島型がある。
>
> 島型　　　　　　　　　　　ヘリンボーン型

## クラスを終了する

クラスの終了は、学習者が参加の認定を確実に受け取るようにすることと、クラスルームを元の状態に戻すことを含みます。具体的には、次のような活動を行います。

- ▶ コースの修了要件を満たした学習者に認定を与える。場合によっては、コースに参加すれば、誰でも参加の認定をもらえることがある。一方で、事後テストに合格するなど、学習者が他の修了要件を満たさなければならない場合もある
- ▶ コースを修了した人に、修了証を配布する（これは任意だが、トレーニング・コースを修了した学習者を承認する方法としてよく使われる）。図表10－3は、修了証の例である
- ▶ クラスルームを掃除する
- ▶ エバリュエーション・シートを集める

インストラクターとしての皆さんの一番の関心事は、コースの修了要件を満たした学習者が、確実にその認定を受け取るようにすることです。

**図表 10－3　修了証の例**

---

**IS トレーニング修了証書**

ジョン・スミス 様

新任マーケティング担当者向けのセールス研修（コース SS-100）を
修了したことを認定します。

11 月 17 日（月）～11 月 21 日（金）

（インストラクター）　　　　　　　　　（アドミニストレーター）

---

## フォローアップの報告書を提供する

多くの組織で、アドミニストレーターはクラスが終わった後に、いくつかの追加の業務を行います。これらはフォローアップ・アクティビティーといい、次のことを行います。

- ▶ クラスの最後に行ったエバリュエーションの要約を提供する
- ▶ クラスの修了状況についての報告書を提供する
- ▶ 事後のフォローアップ（通常の場合レベル3のエバリュエーション）に関するアンケートを送り、その回答をまとめ、報告する

**補足説明**

コース・デザイナーやデベロッパーは、一般的なマーケティングの責任をもっていないだけでなく、ましてコースのマーケティング方法についてのトレーニングも受けていません。それでも、多くの組織では、コース・デザイナーやデベロッパーが、コースのマーケティングを行う責任をもちます。

コースのデザイナーやデベロッパーは、これらの報告書に対し、特に関心をもっています。なぜならば、これらの報告書は通常の場合、コースの参加人数、受講者のコースに対する意見、トレーニング後に教材内容が定着した程度などについての情報を提供するからです。こうした情報をすぐに送ってくれるアドミニストレーターもいますが、時として、送ってくれるように頼まなければならないこともあります。

## コースのマーケティングの基本

新しいトレーニング・プログラムを成功させるには、そのプログラムの告知やプロモーションを計画することが必要不可欠です。なぜならば、受講する可能性のある学習者は、自然にそのプログラムについて知るわけではないからです。次のセクションは、コース・デザイナーやデベロッパーに影響のあるマーケティング関連の事柄について説明します。具体的には、マーケティングを行うのに必要な情報、クラスのスケジュールを立てる際に考慮すべきことについて触れていきます。

### 必要不可欠なマーケティング資料

新しいトレーニング・プログラムをプロモーションするには、まず「コラテラル・マテリアル（collateral material：担保資料）」[1]を準備します。銀行がローンを行う際に、「担保」と呼ばれる有形の保証を求めるのと同じように、マーケティングにおいても、新しいプログラムを告知し、プロモーションする前に、コラテラル・マテリアルという有形の情報が求められます。コースを実施している期間中、これらの材料を利用し続けることができます。トレーニング・プログラムのコラテラル・マテリアルには、コース・カタログで記載するコース説明（図表10−4参照）も含まれます。

## 図表 10 − 4　コース説明の例

コース名：オンラインでコミュニケーションを行うための 25 のコツ
コースの長さ：1 日

受講要件：
　ユーザー用のガイドや、ユーザーをサポートするためのその他の印刷資料を開発することができることが求められます。この教材内容は、テクニカル・コミュニケーション 101 のコースで提供されます。

このセミナーについて：
　「オンラインでコミュニケーションを行うための 25 のコツ」では、印刷物での文章技術をスクリーン上のページに適応させる方法について探っていきます。効果的な情報整理の仕方と簡潔に表現する文章技術によって、オンラインで読むことによる制限を乗り越える方法について学習します。具体的には、以下のことを学びます。

- オンラインの情報を構造化する技術
- オンラインにおけるスクリーンのデザインとナビゲーションに関する課題
- 視覚的に変化に富み、相互作用があるものにすることで、閲覧者を引き込む方法
- 簡潔に表現する文章技術
- オンラインのコンテンツに閲覧者を呼び込むコツ

ハンズオン・エクササイズを通じて、クラスで紹介したテクニックを練習します。

対象者：
　テクニカル・コミュニケーションの担当者、ビジネス・コミュニケーションの担当者、または、クラスルーム用の印刷物の文章を書いたり、教材を開発した経験があるトレーナーで、そのスキルをコンピュータのスクリーンに適応できるようにあらためて学習したい人が対象です。また、経験を積んだオンライン・コミュニケーションの担当者やウェブ・ベース・トレーニング（WBT）の開発担当者にとっても、このワークショップが良い復習の機会（リフレッシャー[※2]）となり、新しいアイデアもいくつか得る機会になるかもしれません。

学習内容：
- メイン・オブジェクティブ：印刷物やクラスルームで提供するコンテンツをスクリーン上のコンテンツとして提供するための方策を適応する。
- サポーティング・オブジェクティブ：学習目標を達成するために、次のことができなければならない。
  1. 印刷物やクラスルームでコミュニケーションするときと、オンラインでコミュニケーションするときの本質的な違いを 4 つ述べる
  2. オンラインのコンテンツが他の媒体のコンテンツと異なる点を最低でも 3 つ示す
  3. オンラインのコンテンツにおいて、ユーザーがページ内を移動することを助ける方法について説明する
  4. オンラインで効果的な文字の使い方をする方法について説明する
  5. スクリーン上で最大限に効果を発揮するように、コンテンツを配置する方法について説明する
  6. オンラインで効果的なインタラクションを行うためのテクニックを最低 3 つ説明する
  7. オンラインで視覚的なコミュニケーションを行うためのテクニックを最低 3 つ説明する
  8. オンラインの文章を作成するためのテクニックを最低 3 つ説明する
  9. オンラインのコンテンツを製作するためのツールの役割について述べる
  10. オンラインのコンテンツを維持管理する際に考慮すべき課題について最低でも 2 つ示す

## 基本原則 37

マーケティングを行うことを目的に、すべてのコースにコース説明が必要です。コース説明は次のような情報が含まれます。
- コースのタイトル
- コースの長さ。日数、あるいは、長さが4時間以内のコースについては時間数
- コース説明。コンテンツを正確に説明しつつ、コースを受けることへの読み手のモチベーションを高めるような、50～75単語の説明
- 学習目標
- 対象者。対象とされている学習者についての記述
- 受講要件。一般的には、受講要件となるコースのタイトルを示すが、より学習者にとって助けとなるのは、学習プログラムを受ける前に習得しておくべきスキルを明確に述べた上で、そうしたスキルを教えるコース名を示すという方法である

## その他のプロモーション資料

トレーニング・プログラムをマーケティングする際のもう1つの戦略は、プロモーション資料を作成することです。プロモーション資料は、短期的にコースへの関心を高めるものであり、有効期間は4～8週間程度と想定されています。プロモーション資料は、次のような形があります。

- ▶ 一瞬で人の目を引くプロモーション。たとえば、トレーニング・プログラムについてのチラシ、ポスター、ウェブサイト(イントラネットのサイトを含む)のバナー広告など
- ▶ 独創的なプロモーション。たとえば、フォーチュン・クッキーの紙にトレーニング・プログラムを推奨する内容を印刷したり、皆さんのトレーニング・プログラムについてのメッセージを飾りつけしたケーキを出したりするなど、食べ物を使ったプロモーションもある
- ▶ トレーニング・プログラムについて告知やプロモーションをするeメールのメッセージを送る。通常、過去のコースを修了した人や、対象とされている学習者のプロフィールに合った人に配信する

## プロモーション計画を立てる

　トレーニング・プログラムのプロモーションを行うために必要な資料を特定した後は、いつ、どのようなものを使ってプロモーションをするのかの計画を策定します。次のようなスケジュールを推奨します。

- **トレーニング・プログラムを広く提供する前**：トレーニング・プログラムの告知をする日までにコラテラル・マテリアルを作成し、準備が整うようにする。また、プログラムへの関心を高めるようなプロモーション資料を準備する。さらに、トレーニング・プログラムに対して、あらかじめ好意的な支援をつくり出す。これを行う1つの方法は、プログラムに対して、好意的な反応を示すことが想定される人々に対して、プログラムを試行すること。彼らが良い体験をすると、良い評判が口コミで広がり、組織の他の人たちも、トレーニング・プログラムを受けてみようという気持ちが高まるはずである
- **トレーニング・プログラムを提供し始めて、1カ月～6週間たった頃**：初期の立ち上げの後も、関心をもち続けてもらうために、さらにプロモーション資料を投入する準備をする
- **継続的に行うマーケティング（四半期ごとあるいは半期ごとに）**：トレーニング・プログラムが受講可能であることをプロモーションする
- **登録数が減ったとき**：トレーニング・プログラムへの関心をもう一度喚起するためのプロモーションを計画する。継続的にカタログを発行し続けることも、関心を維持する上で有効である

　最後に、こうした活動を行うための時間を皆さんのスケジュールに入れておくようにしましょう。いくつかの組織では、自分たちのもっているリソースの最大20％をマーケティングの取り組みに費やします。これは、すべての組織において現実的に可能ではないかもしれませんが、プロモーションに最低1、2時間を充当しないと、トレーニング・プログラムの利用率が下がり、不十分な結果につながります。

　それでは、クラスについてのマーケティング的な告知は、いつ送ればよい

のでしょうか？　クラスのセッションについての最初の告知は、実施予定の10～12週間前に行いましょう。それ以上早く、または遅くならないようにします。このタイミングは、何年もの調査を経て、適切であることが実証されました。

10～12週間前という指針は、さまざまな場合においてうまくいくようです。何事も先んじて行いたい人は、12週間よりも前にコースの告知を行いたいと思うかもしれません。しかし、学習者からみると、スケジュールがあまりにも先の話に感じられ、後に登録できると考えて、告知を見過ごす傾向があります。その後、残念ながら、多くの人はコースについて忘れてしまい、登録することがなくなってしまいます。

反対に、インターネットの時代になり、即時的なコミュニケーションになってきていると主張する人もいます。それゆえ、そこまで前もって連絡する必要がないと考えるのです。しかし、学習者は、必ず出席できるように、前もってスケジュールを空けておくようにしなければなりません。そのためには、何週間も前の告知が必要です。同様に、企業における学習者は、トレーニング・クラスへの参加の承認をマネジメント層から得るために、時間を必要とします。参加に際し、外部の資金を使わなければならない場合は、特に時間が必要です。

> **基本原則 38**
> 学習者に提供するサポートによって、学習経験全体に対する印象が長く残ります。

## トレーニング・プログラムのサポートの基本

コース・デザイナーやデベロッパーは、コースの運営やマーケティングに加え、コースがどのようにサポートされているのかについて考慮する必要があります。場合によっては、コース・デザイナーやデベロッパーが追加の仕事をしてサポートする必要があります。その他の場合は、コース・デザイナーやデベロッパー自身がサポートを提供する必要はないものの、結局のところ、サポートの質が直接的にコース・デザイナーやデベロッパーの評価に反映されることがあります。

次のセクションでは、サポートに関する主な領域を説明します。学習者へのサービス、専門的なコンテンツの維持管理、エバリュエーションについて解説します。

## 学習者へのサポートの提供

コンテンツを明確に説明しようと最大限の努力をしたとしても、理解できない学習者がいるかもしれません。同様に、他の学習者は、クラスルームでは提供できないエンリッチメント（enrichment：強化）や個別的な対応を求めるかもしれません。こうした場合や似たような場合では、コース・デザイナーやデベロッパーが、主にチュータリング（tutoring：個人指導）やエンリッチメントを通じて、学習者にサービスを提供します。

### チュータリング

チュータリングは、通常クラスとは別に行われます。時には、クラスが終わった後、しばらくたってから行われることがあります。eメールでのやりとり、学習者が電話をかけて無料通話でチュータリングを受ける、業務時間中に対面あるいはオンライン（チャット、インスタント・メッセージ、あるいはコラボレーション・ソフトウェア）で行われるなど、さまざまな形態を取ります。チュータリングが利用可能であることをプロモーションしましょう。多くの学習者とそのマネジャーは、チュータリングを価値のあるサービスとして捉えます。

どのような手段でチュータリングを提供したとしても、難題の1つは、明確にサービス提供の範囲を設定することです。学習者は、チューターからの回答をどれほど早くもらえると想定すればよいのか？ チュータリングのサービスはコースの修了後、どの程度の期間提供されるのか？ 営利的にこうしたサービスを提供している人は、クラスの終了後6カ月間チュータリングを提供することもあります。

もし、皆さん以外がチュータリングのサービスを提供する場合は、コースの展開を開始する前に、その人がコンテンツについてよく理解しなければなりません。また、皆さんはチューターに、想定される質問への答えを提供し

ておく必要があります。

　誰がチュータリングを行うとしても、チュータリングによるサポートを提供するために、必要な時間と人員数を見込んでおく必要があります。さもなければ、学習者からの質問が割り込み仕事のように感じられ、学習者が本来得るべき十分な配慮がなされず、ぞんざいな扱いを受けてしまいます。実際に確保しておくべき時間は、トレーニング・プログラムを受ける学習者の人数によってさまざまです。まずは、一般的な大学教員がオフィス・アワー[※3]として設けるのと同じくらいの時間数である、1週間に2～4時間を確保しておいてもよいかもしれません。コースの実施が進むにつれ、実際に使った時間を測り、それ以降に確保すべき時間を決めます。

**エンリッチメント**

　エンリッチメントによる学習者のサポートは、通常の場合コースに関連するウェブサイトを通じて提供されます。ウェブサイトには、追加の文献やその他の参考情報、たとえば専門的な計算機などが掲載されます。また、こうしたウェブサイトへのアクセスをパスワードによって制限することもあります。コースのウェブサイトを保守するのに十分な時間と人員を確保するようにしましょう。

## コースのコンテンツの維持管理のスケジュールを立てる

　コースのコンテンツが変わる可能性が高いことを、あらかじめ知っている場合は、維持管理の一部として、その計画を立てておくとよいでしょう。たとえば、新製品に関するトレーニング・プログラムを開発したとします。3～6カ月後に、その製品のモデルが新しくなる、あるいは機能強化されることがわかっているならば、コースの維持管理の一部として、計画を立てておくとよいでしょう。

　一般的に、コンテンツの更新は次の3つに分類されます。

> ▶ **軽微な修正**：特定の文章における一言、一文、段落への変更を加える程度の修整。スライドや補足資料に、新しいイラストを加える、あるいは

イラストを変更することもある
- **中程度の修正**：新しいセクションの追加、あるいは特定の文章とグラフィックスへの変更
- **大幅な修正**：コンテンツについて全体的な見直しが必要な修正

どの程度の修正を加えるのかを特定し、その修正を行うのに必要なリソースを見積もりましょう。

## コースのエバリュエーションを管理する

デザインの初期の段階で、皆さんはコースのエバリュエーションを行う計画を立てました。コースのコンテンツの提供方法や形式を決める前に、満足度調査、テスト、フォローアップで行う評価について、案を準備しました。

コースの立ち上げや維持管理に向けて準備しつつ、これらのエバリュエーションを運営し、まとめ、結果報告する計画も立てたほうがよいでしょう。具体的には、次の検討を行います。

- エバリュエーション・ツールの更新。学習目標は、トレーニング・プログラムをデザインし、開発しながら修正される可能性がある。エバリュエーション・ツールは、コンテンツの開発の前に作成したものであるため、有効なフィードバックを得るためには、エバリュエーション・ツールにそうした変更を反映しなければならない
- エバリュエーションの運営の計画を立てる。コースへの満足度について、フィードバックを引き出す方法を考える。会場を出る前に、すべての受講者に用紙へ記入をしてもらうという典型的な方法を取るか、eメールをランダムに送ったり、電話をしたりするというフォローアップの方法を取るか？　ワークブックのコースにおいては、学習者が満足度調査に回答する可能性が低いため、後者の方法が有効である。また、学習の度合いをどのようにテストするのかについても検討する。テストを実施するのか？　その記録はどのくらいの期間、保存するのか？　結果を誰に報告するのか？　最後に、学習によってもたらされた長期的な行動の変

化について、どのように追跡するのかを検討する。学習者からの意見や情報を得るために、どのように連絡を取るのか？　eメール、電話、その他の手段を使うのか？　学習者がトレーニング・プログラムで教えられたコンテンツを、仕事においてどの程度使っているのかを評価するために、他に誰に調査するのか？

▶ 結果を報告する。具体的には、誰が結果報告を受け取るのか？　学習プログラムを開発したチームのメンバーか？　学習プログラムの開発を依頼したスポンサーか？　報告書はどのような形式で作成するのか？　それぞれのグループが異なる報告書を受け取るのか？　他のコースと結果を比較するのか？

## デザインと開発のプロジェクトを締めくくる

　デザインと開発のプロジェクトで最後に行うことは、締めくくることです。プロジェクトの締めくくりでは2つの活動を行います。ポストモーテム（postmortem：事後検討）とプロジェクトの履歴ファイルづくりです。

### ポストモーテムの実施

　プロジェクト完了後に行う最も重要な活動の1つは、プロジェクトで得られた教訓のうち、他のプロジェクトにも適用できるようなものを明らかにすることです。これらの教訓を明らかにする方法として最も効果的なのは、プロジェクトチームによる、「ポストモーテム」と呼ばれる特別なミーティングです。

　ポストモーテムは、プロジェクトチームの全員、つまり、SME、グラフィック・デザイナー、スポンサー、皆さんのマネジャー、そしてもちろん皆さん自身が集

**基本原則 39**

トレーニング・プロジェクトについて、一通り記録を残しましょう。ポストモーテムの実施によって開発の経験について記録を残し、プロジェクトの履歴ファイルをつくることで、その進捗の履歴を残します。そうすることで、他のコース・デザイナーやデベロッパーが、その経験から学ぶことができます。

まって行うミーティングで、プロジェクトの最後に行います。その目的は、次のことを明らかにすることです。

▶ うまくいったことで、将来のプロジェクトでも繰り返して行うべきこと
▶ うまくいかなかったことは何か。そして、将来のプロジェクトではどのようにその状況を回避することができるのか

うまくいったことを聞くことはとても重要なことです。なぜならば、プロジェクトを締めくくる頃には、チームのメンバーがうまくいかなかったことに焦点を当ててしまいがちだからです。プロジェクトの良い側面を思い出して、好調のまま終えることが大切です。また、将来のプロジェクトにおいて改善したい点を議論するときは、ポストモーテムが責任追及のセッションにならないようにしましょう。ポストモーテムは、問題を特定し、それに対するソリューションを提案する機会として活用するのです。

**補足説明**

ポストモーテムでは、コースの開発チーム全員が、お互いの貢献に対して感謝する時間をもつべきです。プロジェクトの過程では、チームメンバーはお互いに一緒に取り組むことに慣れすぎて、お互いの貢献に感謝したり、優れた仕事を承認したりしなくなってしまうことがあります。その結果、チームメンバーは、同僚が貢献に感謝していることに気づかないかもしれません。ポストモーテムは、チームメンバーがお互いに承認し合うための、公式な機会となります。

ポストモーテムの実施について、いくつかのコツがあります。

1. チームメンバーに、少なくともミーティング実施の2週間前までに、ミーティングについての連絡を送る。スポンサー組織の担当者たちも含め、チームメンバー全員を招待する
2. ミーティングの前にアジェンダを準備し配布する。一般的なポストモーテムは、90分以内、可能であれば60分で実施する。アジェンダとしては、うまくいったことについての議論、将来のプロジェクトにおいて改善しなければならないことの特定、チームメンバーの承認と感謝の実施
3. 記録係を探し、議事録を取ってもらい、ミーティングの後にそれを配布する

4. 何らかのお祝いをしてポストモーテムを締めくくる。たとえば、「おめでとう」と書いてあるケーキを出したり、各チームメンバーに心ばかりのプレゼントを渡したりしてもよい
5. 理想的には、2営業日以内に議事録を印刷物として発行する
6. 組織の方針や手順に変更が必要な提案については、ミーティング後1カ月以内にチームメンバーにフォローアップのメモを提供し、実際に組織の方針や手順が変更されるかどうかを伝える

　ミーティングでは、良い点を強調し、それぞれのチームメンバーが発言する機会を提供することで、前向きで、建設的な環境をつくりましょう。たとえば、「何がうまくいったのか？」と「将来のプロジェクトにおいて改善すべきことは何か？」を聞くときは、順番に発言をしてもらい、各自が最低でも1回は意見を述べてもらえるようにお願いをします。

　また、コメントに対し、批判しないでください。役割や性格の違いから、チームメンバーはプロジェクトに対してそれぞれ異なる認識をもっているものです。良い経験となった人もいれば、そうではない人もいるかもしれません。それぞれのチームメンバーがプロジェクトに対してどのように認識しているのかを聞くことによってのみ、開発チーム全体で、完了したばかりのプロジェクトをよく理解することができるのです。

　ポストモーテムは、プロジェクトに価値ある締めくくりをもたらしてくれます。参加者が心理的にプロジェクトから離れ、次のプロジェクトに移ることができます。そのため、チームのメンバーが次のプロジェクトで一緒に働くにしても、それぞれ個別に働くにしても、ポストモーテムのミーティングを行うことは価値があることなのです。

## プロジェクトの履歴ファイルをつくる

　プロジェクトの履歴ファイルは、トレーニング・プロジェクトの開発についての主要な情報をまとめた貯蔵庫のようなものです。この情報はいくつかの異なる方法で活用されることがあります。

- ▶ それぞれの活動の完了にかかった時間と費用の記録によって、将来のプロジェクトのスケジュールや予算を見積もるためのツールとして使うことができる。過去のパフォーマンスを基に将来の見積もりをすれば、その見積もりが正確になる可能性が高まる
- ▶ 企画案やニーズ分析の記録が、将来のプロジェクトにおいても情報として使えるかもしれない。場合によっては、情報をそのまま再利用することができ、ニーズ分析を行うのに必要な時間を削減できることがある。そうではない場合でも、プロジェクトにとっての情報源の1つとして役立つことがある
- ▶ デザインの計画は、新しいコースにおいて、デザインを構築する際のフレームワークとして再利用したり、役立てたりすることができる（建築家が、フランチャイズ展開しているファストフード店の店舗デザインを過去の店舗に基づいて設計するのと似ている）
- ▶ 得られた教訓は、別のプロジェクトにおいて、全体のマネジメントを改善するのに、役立てることができる

プロジェクトの履歴ファイルに必要とされる情報は組織によって異なるものの、いくつかの共通の要素があります。

- ▶ プロジェクトの企画案
- ▶ ニーズ分析の記録
- ▶ デザインの計画
- ▶ プロトタイプ
- ▶ 開発したそれぞれの案のコピー
- ▶ パイロット・テストで得られたフィードバック
- ▶ 各計画や案に対して提供されたコメントのコピー
- ▶ 計画された予算やスケジュールと実際のもの
- ▶ すべてのコース教材や補助教材についての、最終的な原本のコピーを最低でも2部。また、バックアップとしての電子版のコピー
- ▶ ポストモーテムのミーティングの議事録と、その他の「得られた教訓」
- ▶ プロジェクトに関して連絡できる人の名前

履歴ファイルは、安全な場所に保管します。皆さんの組織が社外にファイル保管庫をもっているようであれば、皆さんのいるロケーションに加えて、そこにも紙媒体の履歴ファイルを格納するとよいかもしれません。多くの組織は、履歴ファイルの電子コピーも保管することがあります。

### 実践に向けて

トレーニング・プログラムのデザインと開発を完了しても、皆さんは責任をもち続けます。具体的には、トレーニング・プログラムの運営、マーケティング、サポートを注視し、デザインするときに期待していた通りに、トレーニング・プログラムがうまくいくことを確認します。

運営では、クラスのスケジュールの立案、学習者の登録、クラスルームに関わる調整を行います。マーケティングでは、コラテラル・マテリアル（必要不可欠なマーケティング資料）の準備をして、その他の関連するプロモーション資料やマーケティングの戦略を立てます。サポートでは、学習者にサービスを提供し、専門的なコンテンツの維持管理のスケジュールを立てて、プログラムのエバリュエーションを管理します。最後に、ポストモーテムのミーティングを行い、プロジェクトの履歴ファイルをつくって、プロジェクトを締めくくります。

演習10-1は、トレーニング・プログラムの運営、マーケティング、サポートを行うプロセスの指針として活用してください。

この章が、トレーニングのプロセスをデザインし、開発する方法についての説明の最終章です。本書は、ADDIEのプロセスを一通り紹介しました。第1章で、背景にある原理を紹介し、第2章では、プロジェクトを始めるための指針を提供しました。そして、第3章と第4章で、アナリシス（Analysis：分析）、第5章と第6章で、デザイン（Design：設計）、第7章〜第9章でデベロプメント（Development：開発）、第10章で、インプリメンテーション（Implementation：実行）とエバリュエーション（Evaluation：評価）について、順を追って解説してきました。

## 演習10－1　コースを運営する

| | |
|---|---|
| クラスの学習準備をする | ☐ 一般的な備品<br>☐ 学習者用の教材<br>☐ 演習用の教材<br>☐ 視聴覚機材<br>☐ 会場の設営<br>☐ クラスを終了する<br>　＿ コースの修了を認定する<br>　＿ 修了証を配布する<br>　＿ 会場を掃除する<br>　＿ エバリュエーション・シートを集める<br>☐ フォローアップの報告書を提供する<br>　（プログラムへの出席状況やエバリュエーションの結果をまとめたもの） |
| コースのマーケティングを行う | ☐ コースの説明資料を用意する<br>☐ 次のタイミングでコースのプロモーションを行うための、プロモーション計画を立てる<br>　＿ 告知のとき<br>　＿ トレーニング・プログラムを提供し始めて、1カ月〜6週間たった頃<br>　＿ 継続的に行うマーケティング<br>　＿ 登録数が減ったとき<br>☐ 最初の告知は、実施予定の10〜12週間前に行う |
| コースのスケジュールを立てる | ☐ 学習者が多くいるロケーションに、クラスの予定を入れる<br>☐ 必修コースの予定を立てる場合は、できるだけ早めに、多くのクラスの予定を入れる<br>☐ 休暇の近くの日程は避ける<br>☐ 金曜日の夕方の開催は避ける<br>☐ 宗教的な祝日やその他の祝日も避ける |
| 学習者へのサポートの提供 | ☐ チュータリング<br>☐ エンリッチメント |
| プロジェクトを締めくくる | ☐ ポストモーテムの実施<br>☐ プロジェクトの履歴ファイルとして、次のもののコピーを2部ずつ保管する<br>　＿ プロジェクトの企画案<br>　＿ ニーズ分析の記録<br>　＿ デザインの計画<br>　＿ プロトタイプ<br>　＿ 開発したそれぞれの案のコピー<br>　＿ パイロット・テストで得られたフィードバック<br>　＿ 各計画や案に対して提供されたコメントのコピー<br>　＿ 計画された予算やスケジュールと実際のもの |

※ 本文に則り、翻訳時に再編集

1. コラテラル・マテリアル（collateral material）：時には販促用のグッズ、カタログ、名刺なども含まれる。
2. リフレッシャー（refresher）：一度学習したことを復習し、更新するためのトレーニング。
3. オフィス・アワー（office hour）：大学の教員が、学生の相談に応じるために研究室を開放する時間。

# 参照文献

Brusaw, C., G. Alred, and W. Oliu. (2000). Handbook of Technical Writing. New York: St. Martin's Press.

Carliner, S. (2002). Designing E-Learning. Alexandria, VA: ASTD.

Carliner, S. (1995). The Eight Secrets of Starting a Successful Work Team. Performance & Instruction, 34(2).

Gagne, R.M. (1985). The Conditions of Learning and Theory of Instruction, 4th edition. New York: Holt, Rinehart, and Winston.

Hackos, J.T. (1994). Managing Your Documentation Projects. New York: John Wiley & Sons.

Kirkpatrick, D.L. (1998). Evaluating Training Programs: The Four Levels, 2nd edition. San Francisco: Berrett-Koehler.

Knowles, M. (1988). The Modern Practice of Adult Education: From Pedagogy to Andragogy. Cambridge, MA: Cambridge Book Co.

Mager, R. (1997). Preparing Instructional Objectives. Atlanta: Center for Effective Performance.

Robinson, D., and J. Robinson. (1989). Training for Impact. San Francisco: Jossey-Bass.

Wurman, R.S. (1989). Information Anxiety: What to Do When Information Doesn't Tell You What You Need to Know. New York: Doubleday.

# 参考情報一覧

**第1章**

次のことについてより深く学習するには：

▶ 顧客サービス担当者の事例について

Dana and James Robinson – Training for Impact. (1989). San Francisco: Jossey-Bass.

▶ ヒューマン・パフォーマンス・インプルーブメント

Harold Stolovich and Erica Keeps – Handbook of Human Performance Improvement. (1999). San Francisco: Jossey-Bass.

▶ アンドラゴジー

Malcolm Knowles – The Modern Practice of Adult Education: Andragogy Versus Pedagogy, revised edition. (1988). Englewood Cliffs, NJ: Cambridge Book Company.

**第2章**

次のことについてより深く学習するには：

▶ インストラクショナル・デザイン（インストラクショナル・システム・デザインともいう）のプロセス

Walter Dick and Lou Carey – The Systematic Design of Instruction, 5th edition. Upper Saddle River, NJ: Pearson Addison Wesley.

▶ プロジェクト・マネジメント

Karen Overfield – Developing and Managing Organizational Learning: A Guide to Effective Training Project Management. Alexandria, VA: ASTD.

## 第3章

次のことについてより深く学習するには：

▶ ニーズ分析

Allison Rossett – First Things Fast: A Handbook for Performance Analysis. (1998). San Francisco: Jossey Bass/Pfeiffer.

▶ 教育プログラムのゴールを明確にする

Robert Mager – Goal Analysis. (1997). Atlanta: Center for Effective Performance.

## 第4章

次のことについてより深く学習するには：

▶ 学習目標を書く

Robert Mager – Preparing Instructional Objectives. (1997). Atlanta: Center for Effective Performance.

▶ テストを作成する

Robert Mager – Measuring Instructional Results. (1997). Atlanta: Center for Effective Performance.

▶ トレーニング・プログラムをエバリュエーションする

Donald Kirkpatrick – Evaluating Training Programs: The Four Levels, 2nd edition. (1998). San Francisco: Berrett-Koehler.

Richard Swanson and Elwood Holton – Results: How to Assess Performance, Learning, and Perceptions in Organizations. (1999). San Francisco: Berrett-Koehler.

## 第5章

次のことについてより深く学習するには：

▶ e ラーニングのコースをデザインする

Saul Carliner – Designing E-Learning. (2002). Alexandria, VA: ASTD.

▶ 情報過多と、情報の構造
Richard Saul Wurman – Information Anxiety 2001: What to Do When Information Doesn't Tell You What You Need to Know. (2001). New York: Doubleday.

## 第8章

次のことについてより深く学習するには：
▶ 教材内容を明確に伝える書き方
William Strunk Jr. and E.B. White – The Elements of Style, 4th edition. (2000). Upper Saddle River, NJ: Pearson Allyn & Bacon.
▶ ページをデザインする
Robin Williams and John Tollett – The Non-Designer's Web Book: An Easy Guide to Creating, Designing, and Posting Your Own Web Site. (1994). Berkeley, CA: Peachpit Press.

## 第9章

次のことについてより深く学習するには：
▶ 編集
Karen Judd – Copyediting, A Practical Guide, 3rd edition. (2001). Menlo Park, CA: Crisp Publications.
Marjorie Skillin and Robert Malcolm Gay – Words Into Type. (1974). Upper Saddle River, NJ: Pearson.

## 第10章

次のことについてより深く学習するには：
▶ トレーニングの運営とマーケティング
Jean Barbazette – The Trainer's Support Handbook: A Guide to Managing the Administrative Details of Training. (2001). New York: McGraw-Hill.

# 著者について

　サウル・カーライナー（Saul Carliner）は、モントリオールにあるコンコーディア大学（Con-cordia University）において、エデュケーショナル・テクノロジー（educational technology：教育テクノロジー）の助教授です。そこでは、ヒューマン・パフォーマンス・テクノロジー、ナレッジ・マネジメント、定性的調査法に関するコースを教えています。研究における関心分野は、最近発展してきているオンライン・コミュニケーションの分野や、ワークプレースにおけるコンテンツの効果性を評価する方法についての分野です。彼は、香港城市大学（City University of Hong Kong）、ミネソタ大学（University of Minnesota）、ベントレー大学（Bentley College）でも教鞭を執りました。

　また、業界のコンサルタントとして、企業に対して、ｅラーニングやコミュニケーションに関わる戦略的な課題について助言をしています。クライアントには、ベルリッツ（Berlitz）、ガイダント（Guidant）、IBM、マイクロソフト（Microsoft）、STマイクロエレクトロニクス（ST Microelectronics）、3M、VNUビジネス・メディア（VNU Business Media）、その他いくつかの政府機関があります。著書には、『デザイニング・ｅラーニング（Designing E-Learning）』（ASTD、2002年）、『アン・オーバービュー・オブ・オンライン・ラーニング（An Overview of Online Learning）』（HRD Press、1999年）、キャロル・バーナム（Carol Barnum）との共著で『テクニック・フォー・テクニカル・コミュニケーターズ（Techniques for Technical Communicators）』（Macmillan、1992年）があります。また、ワークショップの人気プレゼンターでもあります。トレーニングのワークショップは、トレーニング（TRAINING）、オンライン・ラーニング（Online Learning）、ISPIのカンファレンス、ASTDのウェビナーといったイベントでも提供されています。

過去に、ソサイエティ・フォー・テクニカル・コミュニケーション（Society for Technical Communication）のインターナショナル・プレジデントを務め、現在もフェローです。また、インターナショナル・ソサイエティ・フォー・パフォーマンス・インプルーブメント（International Society for Performance Improvement：ISPI）のアトランタ・チャプターのプレジデントも務めたことがあります。ジョージア州立大学のインストラクショナル・テクノロジーの博士号をもっています。

# 監修者紹介

　下山博志（しもやま　ひろし）。グローバルレベルで展開する世界最大のファーストフードチェーンの日本法人で32年間勤務。現場経験の後、企業内大学を含む全社の人材育成の責任者となり、全世界共通の教育戦略プロジェクトにアジア地域代表として参加。インストラクショナルデザインに基づく教育戦略を実践し、人材育成の仕組みを浸透させる。『2003年度日本能率協会能力開発優秀企業賞本賞』受賞。

　2004年退社。同年、人材開発の総合プロデュースを行うコンサルティング企業、株式会社人財ラボを創業。教育設計の支援、人材開発戦略の構築、企業内大学設立支援などをクライアントと協働で行っている。

　2006年より協力者を募り、ASTD日本支部設立を準備。2008年ASTDグローバルネットワークジャパン設立し副会長に就任。広報委員長としてもASTDの活動を日本に浸透するべく貢献している。

　熊本大学大学院では、教育設計専門家育成を行う教授システム学専攻学科の非常勤講師。その他、NPO法人日本eラーニングコンソシアム（eLC）理事、eラーニング・プロフェッショナル（eLP）認定委員長、モバイルラーニングコンソシアム理事、神奈川県総合教育センター顧問アドバイザーなど、幅広く社会貢献となる活動を行う。

　早稲田大学大学院技術経営学（MOT）修士。

# 訳者紹介

堀田恵美（ほった　えみ）。株式会社ヒューマンバリュー 主任研究員。慶応義塾大学大学院政策・メディア研究科を修了。大学院在学中、花田光世教授の研究室にてコミュニティ・オブ・プラクティス、ソーシャルキャピタルを中心とした人材開発・組織開発の研究活動に従事。

ヒューマンバリュー入社後、組織変革・組織開発に関する様々な手法の研究と企業への導入コンサルティングや研修プログラム開発を行う。また、エンゲージメント・サーベイの開発を手がけ、その他社員意識調査や多面観察フィードバックツールの開発、それらの個別企業向けカスタマイズや社内展開を支援している。

研究・コンサルティング活動の他、ヒューマンバリューの出版事業を立ち上げ、展開している。その一環として『手ごわい問題は、対話で解決する』『フューチャーサーチ』（共にヒューマンバリュー）の翻訳や、翻訳本の編集に携わっている。

Training Design Basics by Saul Carliner
Copyright © 2003 by the American Society for Training and Development.

Japanese translation rights arranged with
ASTD Press, Alexandria, Virginia
through Tuttle-Mori Agency, Inc., Tokyo

## 研修プログラム開発の基本
— トレーニングのデザインからデリバリーまで

2013年9月14日 初版第1刷発行

著　者……… サウル・カーライナー
監修者……… 下山博志
訳　者……… 堀田恵美
発行者……… 高間邦男
発　行……… 株式会社 ヒューマンバリュー
　　　　　　〒102-0082 東京都千代田区一番町18番地 川喜多メモリアルビル4階
　　　　　　TEL：03-5276-2888（代）　FAX：03-5276-2826
　　　　　　http://www.humanvalue.co.jp/hv2/publish/
装　丁……… 株式会社志岐デザイン事務所　小山巧
イラスト…… 後藤範行
制作・校正… 株式会社ヒューマンバリュー
印刷製本…… シナノ印刷株式会社

落丁本・乱丁本はお取り替えいたします。
ISBN 978-4-9906893-2-2

### ヒューマンバリューの出版への思い

株式会社ヒューマンバリューは、組織変革・人材開発の質の向上に貢献することをミッションとしています。その事業の一環として、組織変革・人材開発の潮流をリサーチする中で出会ったすばらしい理論・方法論のうち、まだ日本で紹介されていない重要なものを書籍として提供することにしました。

翻訳にあたっては、著者の意向をできるだけ尊重し、意味のずれがないように原文をそのまま活かし、原語を残す形でまとめています。

今後新しい本が出た場合に情報が必要な方は、下記宛にメールアドレスをお知らせください。

book@humanvalue.co.jp